La Kabbalah rivelata

Guida personale per una vita più serena

Rav Michael Laitman

La Kabbalah rivelata -

Guida personale per una vita più serena

Autore: Rav Michael Laitman

Titolo originale: *Kabbalah Revealed*
The Ordinary Person's Guide to a More Peaceful Life
Original Copyright © 2024 by Michael Laitman
All right reserved

Published by Laitman Kabbalah Publishers
1057 Steeles Avenue West, Suite 532, Toronto, ON,
M2R 3X1, Canada

Accademia di Kabbala Ashlag
website: www.kabbalah.it
email: info@kabbalah.it
www.kabbalahbooks.info

ISBN 9798326499967

Indice

Introduzione - La coscienza planetaria	9
Capitolo 1 - La Kabbalah: passato e presente	17
Il Piano Generale	17
La culla della scienza	19
Altre vie	21
Le grandi domande	21
La nascita della Kabbalah	22
Il motore del cambiamento	23
Prendere il comando	24
Nascondersi, cercare e non trovare	26
Il lieto fine della crisi mondiale	27
L'egoismo è una trappola	28
La necessità dell'altruismo	29
Una migliore percezione	32
Il momento è arrivato	33
Riassumendo	35
Capitolo 2 - Il desiderio più grande del mondo	37
Un trampolino per la crescita	37
Dietro porte chiuse	39
L'evoluzione dei desideri	41
Controllare i desideri	44

Sorge un nuovo desiderio	45
Un nuovo metodo per un nuovo desiderio	46
Tikùn: correggere il desiderio di ricevere	48
Riassumendo	50

Capitolo 3 - L'origine della Creazione	53
I Mondi Spirituali	53
Le quattro fasi fondamentali	56
La ricerca del Pensiero della Creazione	62
La via	67
Adam ha Rishòn: l'anima complessiva	73
La grande caduta	74
Riassumendo	76

Capitolo 4 - Il nostro universo	79
La piramide	80
Lo scenario della vita	81
Come è in alto, così è in basso	84
Ascendere la scala	85
Costruire il Kli (vaso)	87
Il desiderio di Spiritualità	90
Riassumendo	96

Capitolo 5 - Quale realtà è reale?	99
I tre limiti nello studio della Kabbalah	102
Il primo limite: ciò che percepiamo	102
Il secondo limite: dove percepiamo	102
Il terzo limite: chi percepisce	103
La percezione della realtà	106
Una realtà inesistente	109

Il meccanismo di misura 111

Il sesto senso 113

Un cammino esiste, giacché un desiderio l'ha creato 115

Il Pensiero della Creazione 117

Reshimòt: ritorno al futuro 119

Riassumendo 122

Capitolo 6 - Il sentiero (stretto) verso la libertà 125

L'oscurità prima dell'alba 127

Il perfezionamento del mondo in quattro passi 131

Conoscere i nostri limiti 134

Le redini della vita 136

Cambiare la società per cambiare me stesso 137

I quattro fattori 139

Scegliere l'ambiente adatto per la correzione 142

Non si tratta di anarchici 146

L'inevitabile morte dell'ego 147

Il rimedio 149

Una libertà fasulla 151

Le condizioni per il libero arbitrio 153

Realizzare il libero arbitrio 154

La fede 154

La ragione 155

Riassumendo 157

Appendice - Che cos'è Bnei Baruch 161

Ho provato un immenso piacere e onore quando mi è stato chiesto di scrivere l'introduzione del libro del Dr. Laitman: *"La Kabbalah rivelata - La guida personale per una vita più serena"*. L'autore, oltre a essere un mio caro amico, è ai miei occhi il più importante Kabbalista contemporaneo ed è anche l'autentico ambasciatore di una saggezza tenuta segreta per ben duemila anni. Ora che la saggezza della Kabbalah sta uscendo completamente allo scoperto, insieme ad altre antiche saggezze, penso che nessun altro meglio di lui sia in grado di spiegare la sua essenza.

Nel mondo d'oggi, è significativa l'importanza della Kabbalah come metodo d'insegnamento autentico, per aiutarci a riconquistare la saggezza di cui disponevano i nostri avi e che noi abbiamo dimenticato.

Le antiche "summae" di conoscenze riemergono proprio in quest'epoca, poiché il nostro modo di pensare, convenzionale e meccanico, ha fallito nel portarci la felicità e la stabilità come un tempo aveva promesso. Un proverbio cinese ci ammonisce: "Se non cambiamo rotta, andremo a finire esattamente dove ci stiamo dirigendo". Sarebbe disastroso applicare questa massima alla società odierna.

Le variazioni climatiche minacciano di trasformare intere zone del nostro pianeta in aridi deserti, che diverrebbero inabitati, poiché non più adatti alla produzione di generi alimentari.

La maggior parte delle economie mondiali è sempre meno autosufficiente. A questo si aggiunge l'inquietante diminuzione delle riserve alimentari; inoltre, disponiamo di riserve d'acqua potabile che non sono sufficienti neanche per la metà della popolazione del pianeta. Più di 6.000 bambini muoiono ogni giorno a causa della dissenteria, dovuta all'inquinamento delle acque potabili.

In molti paesi, la violenza e il terrorismo sembrano diventati i soli mezzi possibili di risoluzione dei contrasti. Di conseguenza, l'insicurezza aumenta nei paesi ricchi come nei paesi poveri. Il fondamentalismo islamico sta dilagando nel mondo musulmano, il neo nazismo e altri movimenti estremisti ricompaiono in Europa e il fanatismo religioso prolifera in tutto il mondo.

Tutto questo mette in pericolo la nostra esistenza sul pianeta.

Il fallimento globale, però, non è una scelta obbligata e, come avrete modo di vedere di seguito nel libro, è possibile perseguire insieme obiettivi comuni di pace e di stabilità.

Noi possiamo cambiare la situazione, cosicché lo scenario che ne deriverà potrebbe essere molto più ottimistico.

I media internazionali e l'industria del divertimento, come anche Internet, potrebbero cercare nuove prospettive, far nascere innovazioni culturali e sociali. Così un nuovo criterio del sé e della natura umana emergerebbe anche in Internet, in televisione e nelle forme di comunicazione delle imprese e della società.

Nella nostra società, una cultura con uno stile di vita differente e valori responsabili, aiuterebbe a incoraggiare politiche sociali ed energie alternative. In questo modo verrebbero adottate le misure necessarie per proteggere l'ambiente e per produrre tutto il necessario al fabbisogno della popolazione e nuovi sistemi di distribuzione delle risorse; sarebbe così possibile sviluppare e utilizzare energie alternative e mezzi di trasporto che rispettino l'ambiente, ma anche nuove tecnologie agricole che siano in simbiosi con la natura.

Prendendo questa direzione positiva, i fondi verrebbero utilizzati per sopperire ai bisogni delle popolazioni e non verrebbero più destinati alle strutture militari. Incoraggiati da tale sviluppo, sia a livello nazionale che internazionale, diminuiranno notevolmente sia la diffidenza interculturale che i conflitti razziali ed etnici. L'oppressione, le ineguaglianze economiche e la disparità dei sessi saranno risolte grazie a un mutuo rispetto e a una reciproca fiducia. Le persone e le comunità coopereranno senza difficoltà e formeranno delle società produttive.

Invece di sprofondare nelle guerre e nei conflitti, all'umanità si aprirebbe una via verso un mondo di libertà e di aiuto reciproco, verso un futuro che promette pace, serenità e piena autorealizzazione.

Un mondo pacifico e vivibile ci attende; ma, purtroppo per noi, attualmente non stiamo percorrendo la strada giusta.

Einstein disse: "I maggiori problemi riscontrati non possono essere risolti allo stesso livello di pensiero nel quale sono stati creati." Invece, noi facciamo esattamente il contrario, tentando di combattere il terrorismo, la povertà, la criminalità, il degrado dell'ambiente, le malattie e altri "mali della civilizzazione" con gli stessi metodi con cui sono stati creati.

Tentiamo di rimediare con la tecnologia oppure di prendere provvedimenti temporanei.

Eppure non abbiamo ancora maturato né la volontà, né la visione necessarie per dar vita a un cambiamento radicale e duraturo.

La coscienza planetaria

Di fronte all'attuale crisi globale, l'umanità è alla ricerca di nuove soluzioni e di nuovi metodi di riflessione, ricavati dalle antiche conoscenze, le quali, nonostante siano passati molti anni, hanno ancora una forte influenza. Secondo queste conoscenze, la coscienza planetaria non è una componente puramente secondaria, ma è in realtà la pura essenza della Natura. Quando studiamo questi metodi, realizziamo che questa "nuova" coscienza planetaria, che stiamo riscoprendo, è in effetti un'antica e inalterabile coscienza.

Siamo abituati a pensare che la coscienza umana classica sia "normale", ed è quella che noi percepiamo con i nostri cinque sensi. Tutto il resto non è altro che pura immaginazione. La nostra percezione arriva solo lì dove finisce la nostra pelle. Tutte le altre correnti vengono considerate come "New Age", "Misticismo" o "Esoterismo". Le idee di appartenenza a un tutt'uno, al quale tutti noi apparteniamo, così come l'esistenza di un unico contesto che unisce tutti o anche di un insieme più grande, sono del tutto eccezionali nella storia della civilizzazione.

Quando però andiamo a scavare nella storia, e analizziamo le idee di un tempo, scopriamo che è vero esattamente il contrario. Il nostro modo riduttivo, meccanico e frammentario di pensare, che è stato sviluppato nel mondo occidentale da più di 300 anni, non è la regola, bensì l'eccezione. Diverse culture non sono d'accordo su questo punto. L'occidente stesso non si è conformato a questa visione, se non dopo che il pensiero meccanico si era reso necessario in seguito alla propria applicazione o, meglio, dopo l'errata applicazione della filosofia Newtoniana sulla natura.

In altre culture, come del resto anche nel mondo occidentale postmoderno, il pensiero sviluppato era quello dell'appartenenza e dell'unità. La maggior parte delle culture tradizionali rifiuta il fatto che le persone non abbiano niente in comune e che i loro interessi coincidano solo per caso.

Le fondamenta di tutte le antiche saggezze si basano sul concetto di "coscienza planetaria". Questa espressione definisce la presa di coscienza del nostro destino, non solo come esseri umani, ma anche come cittadini di questo pianeta. Se vogliamo mantenere la nostra esistenza e garantire un avvenire migliore e più stabile ai nostri figli e ai nostri nipoti, dobbiamo incoraggiare una nuova coscienza planetaria. Per poter avanzare, dobbiamo coltivare un modo di vedere le cose che ci permetta di formare una sola grande famiglia universale, attraverso una civilizzazione planetaria. Questa società non dovrebbe avere un'unica cultura rigida dove tutti seguono le stesse idee, oppure dove una persona o uno stato impongono le proprie idee agli altri; al contrario dovrebbe essere un luogo dove ogni persona, in unione con gli altri, contribuisce con le proprie idee allo sviluppo dell'intero sistema e alla Creazione di una coscienza planetaria dell'umanità.

Questa diversità è un elemento fondamentale per l'armonia e la pace. Ogni cultura che è sopravvissuta l'ha avuta. Solo l'occidente e le società occidentali l'hanno dimenticata.

Il processo di evoluzione tecnologica ed economica ha frammentato la sua integrità e il "*tutt'uno*" del sistema. È giunto il momento di ricreare la stabilità.

Da quello che ho appreso dagli scritti del Dr. Laitman, la Kabbalah nella sua forma autentica, non solo incoraggia il concetto del "*tutt'uno*", cioè di un'umanità e di un universo integri, ma offre anche soluzioni pratiche per ricostruire quanto è andato perduto.

Vi raccomando, con tutto il cuore, di leggere attentamente questo libro, perché, più che procurarvi una cultura generale su questa antica saggezza, vi fornirà la chiave per garantire il benessere del genere umano in questo periodo così travagliato.

Dobbiamo affrontare una sfida senza precedenti: accettare un inevitabile peggioramento, che condurrà al collasso del nostro mondo, oppure intraprendere la via del progresso, che potrebbe condurci a un mondo di pace, di armonia e di solida felicità.

Prof. Ervin Laszlo

Il Prof. Ervin Laszlo ci ha fatto il grande onore di scrivere l'introduzione di questo libro. È un uomo con un ricco percorso. Filosofo delle scienze e teorico dei sistemi, E. Laszlo è nato nel 1932 a Budapest, in Ungheria. Debutta all'età di 15 anni come pianista a New York. All'età di 30 anni comincia a studiare scienze e filosofia. È titolare del Dottorato di Stato dell'Università della Sorbonne a Parigi, conseguito nel 1970. In seguito, ha ricevuto il titolo di Dottore Honoris Causa in filosofia negli Stati Uniti, in Canada, in Finlandia, in Russia e in Ungheria.

Fino a oggi, ha pubblicato circa 75 libri e più di 400 articoli, ed è anche Editore di *World futures: The Journal of General evolution*. È stato direttore delle ricerche negli Stati Uniti.

Attualmente è consigliere del direttore generale dell'UNESCO, e presiede il Club di Budapest che ha come missione quella di aiutare lo sviluppo di una maggiore attenzione nei valori umani. Come riconoscimento per questa attività ha ricevuto nel 2001 il Trofeo Goi: il Premio Giapponese per la Pace.

Capitolo 1

La Kabbalah: passato e presente

Il Piano Generale

Non è certo un segreto che la Kabbalah non sia nata come una grande produzione hollywoodiana. Risale infatti a circa cinquemila anni fa. Quando è nata, l'uomo era molto più vicino alla Natura di quanto non lo sia attualmente e aveva con essa un legame intimo e nutriva una stretta relazione con essa.

In quei tempi l'uomo non aveva motivi per allontanarsi dalla Natura. Non era così egocentrico e nemmeno così separato dall'ambiente naturale come lo è oggi.

Per di più, l'uomo non conosceva sufficientemente la Natura tanto da sentirsi al sicuro: ne temeva le forze e questa paura lo costringeva a trattarla con il rispetto che si deve a una forza superiore.

Tuttavia, l'uomo si sentiva interiormente legato alla Natura, e, anche se ne provava timore, aspirava non solo a conoscere meglio il mondo circostante, ma soprattutto a comprendere cosa o chi lo governasse.

A quei tempi, nessuno poteva sfuggire agli eventi naturali come accade ora; non era quindi possibile evitare neppure le sue manifestazioni più dure come si può fare nel mondo d'oggi. E, cosa ancor più importante, proprio il timore della Natura, unito a quella intimità con essa, ha portato molti a ricercare e scoprire quale fosse il piano che essa aveva per loro e di conseguenza, per l'umanità intera.

Questi pionieri delle ricerche sulla Natura volevano scoprire se Essa perseguisse uno scopo e, in caso affermativo, quale fosse il ruolo dell'umanità in questo Piano Generale. Coloro che avevano raggiunto il livello più elevato di conoscenza sul Piano Generale, sono conosciuti come "Kabbalisti".

Fra questi pionieri, Abramo fu un personaggio unico. Dopo aver scoperto il Piano Generale, non solo volle studiarlo in profondità, ma soprattutto lo insegnò agli altri. Aveva compreso che l'unica difesa contro la sofferenza e la paura sarebbe stata quella di fare in modo che tutti conoscessero appieno il piano che la Natura aveva su di essi. Una volta realizzato questo, non risparmiò nessuno sforzo per insegnare a chiunque fosse desideroso di apprendere. Abramo fu il primo di una dinastia di maestri di Kabbalah. I più degni fra i suoi allievi divennero i maestri della generazione successiva di Kabbalisti, quelli che a loro volta tramandarono la saggezza alle future generazioni di studenti.

I Kabbalisti chiamano l'architetto del Piano Generale con il termine "Creatore"; il Piano stesso è quindi "il Pensiero della Creazione". In altre parole, è importante sapere che, quando i Cabbalisti parlano della Natura o delle leggi della Natura, si riferiscono al Creatore e viceversa, quando parlano del Creatore in realtà parlano della Natura e delle Sue leggi. I due termini sono usati come sinonimi.

Una finestra sulla Kabbalah

Il termine "Kabbalisti" deriva dalla parola ebraica Kabbalah che significa l'atto del "ricevere". La lingua originale della Kabbalah è l'Ebraico sviluppatasi specificatamente per i Kabbalisti, perché potessero comunicare fra loro sui temi spirituali. Molti libri di Kabbalah furono scritti anche in altre lingue, ma i termini fondamentali sono sempre rimasti in Ebraico.

Per un Kabbalista, il termine "Creatore" non rimanda a un'entità soprannaturale, distinta, ma al prossimo grado che l'individuo deve raggiungere nella sua ricerca di una conoscenza più elevata. La parola ebraica per Creatore è *"Borè"*, composta da due parole: "Bò" (vieni) e "Rè" (vedi). Pertanto, la parola "Creatore" rappresenta un invito personale a sperimentare il Mondo Spirituale.

La culla della scienza

La conoscenza acquisita dai primi Kabbalisti li ha aiutati a comprendere il funzionamento delle cose. Grazie a essa, furono in grado di spiegare i fenomeni naturali. Era dunque naturale che la insegnassero ad altri, tanto che la conoscenza da essi trasmessa divenne il fondamento delle scienze antiche e moderne.

Forse ci immaginiamo i Kabbalisti come persone solitarie, che vivevano al riparo dagli sguardi, scrivendo libri di magia al lume di una candela. In effetti, fino alla fine del ventesimo secolo, la Kabbalah è stata tenuta segreta. I misteri che la circondavano hanno dato origine a numerose storie e leggende riguardanti la sua natura. Anche se molti di questi racconti sono falsi, sconcertano sempre e seminano perplessità anche fra le persone più rigorose.

> ## Una finestra sulla Kabbalah
>
> Gottfried Leibniz (1646-1716), grande matematico e filosofo, aveva espresso apertamente il proprio parere circa l'influenza della Kabbalah e l'alone di mistero che la circondava: "Visto che l'umanità non possedeva la chiave per scoprirne il segreto, la sete di conoscenza si era ridotta a una sorta di superstizione che aveva generato una "Kabbalah volgare", che non ha nulla a che vedere con la vera Kabbalah, e molte fantasie che vanno sotto il falso nome di "magia". Di questo sono pieni i libri."

La Kabbalah non è sempre rimasta segreta. I primi Kabbalisti offrivano un facile accesso alle proprie conoscenze e, contemporaneamente, erano personaggi molto attivi. I Kabbalisti erano spesso capi di stato. Il Re Davide è probabilmente uno dei più noti esempi di un grande Kabbalista che era anche un grande leader.

Il coinvolgimento dei Kabbalisti nella società aiutò i loro contemporanei a fondare le basi di quella che oggi chiamiamo la "filosofia occidentale" e che, più tardi, era destinata a diventare il fondamento della scienza moderna.

A questo proposito, ecco cosa scrisse Johannes Reuchlin (1455-1522), umanista, proveniente da studi classici ed esperto in lingue e tradizioni antiche nel *De Arte Kabbalistica:* "Il mio maestro Pitagora, padre della filosofia, acquisì senza ombra di dubbio la propria saggezza dai Kabbalisti... Fu il primo a tradurre il termine "Kabbalah", che fino ad allora era sconosciuto ai suoi concittadini, con la parola greca "filosofia"... La Kabbalah non ci fa vivere la nostra vita nella polvere, ma eleva il nostro intelletto alla vette della conoscenza".

Altre vie

Tuttavia i filosofi non erano Kabbalisti. Non avendo studiato la Kabbalah, non erano veramente in grado di comprendere appieno la profondità delle conoscenze Cabbalistiche. Il risultato fu che una sapienza sviluppata e considerata in modo molto specifico, era stata poi piegata ad altri scopi. Quando poi la conoscenza Cabbalistica giunse in altre parti del mondo, non essendoci Kabbalisti per poterla spiegare, prese una direzione differente.

Così l'umanità subì un'inversione di tendenza. Malgrado la filosofia occidentale incorporasse i contenuti della conoscenza Cabbalistica, finì per prendere un'altra direzione. La filosofia occidentale dette luogo a scienze che analizzavano il mondo materiale, percepito con i nostri cinque sensi, mentre la Kabbalah è una scienza che studia ciò che va *al di là* delle nostre percezioni. Questa importante distinzione ha fatto sì che l'umanità prendesse una direzione opposta rispetto alle conoscenze originariamente acquisite dai Kabbalisti. Le conseguenze di questa inversione saranno esaminate nel prossimo capitolo.

Le grandi domande

La Kabbalah è rimasta nascosta per circa duemila anni per il semplice motivo che nessuno ne sentiva realmente la necessità. Da sempre l'umanità è stata impegnata nello sviluppo delle religioni monoteistiche e in seguito delle scienze. Entrambe nacquero per rispondere ai problemi esistenziali dell'uomo: "Che posto occupiamo nel mondo e nell'universo?", "Qual è il senso della nostra vita?" oppure "Perché siamo venuti al mondo?".

Ora più che mai, molti pensano che quello che ha funzionato per duemila anni, non risponda più alle attuali esigenze. Le risposte date dalle religioni e dalla scienza non soddisfano più. Molti ricercano altrove le risposte relative ai problemi fondamentali sullo scopo della vita. Alcuni si rivolgono alle discipline orientali, alla chiaroveggenza, alla magia e al misticismo. Altri si dedicano allo studio della Kabbalah.

La Kabbalah è stata concepita per rispondere alle domande fondamentali e per questo le risposte che può dare sono immediate. Riscoprendo antiche risposte alle domande sul senso della vita, possiamo ricucire la frattura apertasi fra l'uomo e la Natura, avvenuta quando ci siamo allontanati dalla Kabbalah per seguire la filosofia.

La nascita della Kabbalah

La Kabbalah nacque circa 5.000 anni fa in Mesopotamia, un'antica regione dell'attuale Iraq. La Mesopotamia non è stata la culla solo della Kabbalah, ma anche di tutti gli antichi insegnamenti e misticismi. In quel periodo la gente seguiva diversi insegnamenti, spesso anche contemporaneamente. L'astrologia, la chiaroveggenza, la numerologia, la magia, la stregoneria, gli incantesimi e il malocchio sono stati sviluppati e divulgati a partire dall'antica Mesopotamia, centro culturale del vecchio mondo.

Finché le persone erano soddisfatte dalle proprie credenze, non sentivano il bisogno di cambiare. Desideravano solo essere rassicurate sul fatto che le loro vite non fossero in pericolo e cosa convenisse fare per essere felici. Non desideravano conoscere le origini della vita e tanto meno chi o cosa ne avesse creato le regole.

Non sembra che ci sia una grande differenza, eppure la distinzione fra chiedere una vita migliore e domandarsi da quali leggi essa sia governata, equivale a quella fra imparare a guidare un'auto e imparare a costruirla. È tutto un altro livello di conoscenza.

Il motore del cambiamento

I desideri non sorgono dal nulla. Si formano nel nostro inconscio e affiorano unicamente quando li possiamo definire, come, per esempio: "Vorrei una pizza". All'inizio i desideri non si avvertono; al più possono essere percepiti come un'agitazione interiore. Tutti abbiamo provato la sensazione di volere qualcosa, senza sapere precisamente cosa. Si tratta di un desiderio ancora indefinito.

Platone disse che "La necessità è la madre di tutte le invenzioni" (*La Repubblica II)* e aveva ragione. Analogamente, la Kabbalah ci insegna che per poter apprendere qualcosa dobbiamo volerla apprendere. La formula è semplice: *"Quando vogliamo qualcosa, facciamo tutto ciò che è necessario per ottenerla"*. A tal fine, investiamo tempo ed energie e sviluppiamo le conoscenze necessarie. Concludendo, il motore del cambiamento è il desiderio.

L'evoluzione dei nostri desideri, definisce e delinea l'intera storia dell'umanità. Il progredire dei desideri umani ha spinto l'uomo a studiare l'ambiente che lo circonda, per poter soddisfare le proprie necessità. Al contrario di minerali, vegetali e animali, l'uomo è in costante evoluzione. A ogni generazione, e per tutti noi, i desideri diventano sempre più grandi.

Prendere il comando

Il desiderio, questo vero e proprio motore del cambiamento, è catalogabile su cinque livelli, da zero a quattro. I Kabbalisti chiamano questo motore "il desiderio di ricevere piacere" o semplicemente "il desiderio di ricevere". Quando la Kabbalah è apparsa cinquemila anni fa, il desiderio di ricevere si trovava al livello zero. Ai giorni nostri, come si può immaginare, abbiamo raggiunto il livello quattro: quello più intenso.

Nel passato, quando il desiderio di ricevere era al livello zero, i desideri non erano sufficientemente intensi da separarci dalla Natura e neppure da dividerci. Un tempo, questa comunione con la Natura era un modo del tutto naturale di vivere. L'uomo non conosceva altra via e non poteva nemmeno concepire di vivere separato dalla Natura (e tanto meno se lo augurava). Oggi molti sono pronti a investire somme astronomiche per recuperare questo rapporto con la Natura, tramite corsi di meditazione (non sempre efficaci).

In effetti, a quel tempo, la comunicazione fra l'uomo e la Natura, e fra gli individui in generale, era talmente naturale che le parole non erano necessarie e la gente comunicava attraverso il pensiero, come per telepatia. Allora gli uomini erano molto uniti, come se formassero un'unica nazione.

Fu allora che in Mesopotamia si verificò un cambiamento: il desiderio degli individui cominciava a crescere, facendoli diventare sempre più egoisti. L'uomo iniziò a voler modificare la Natura, per servirsene a proprio vantaggio. Invece di tentare di adattarsi a essa, l'uomo iniziò a volerla piegare ai propri desideri. Gli uomini si evolvevano, ma distaccandosi dalla Natura; così, separati e distanti da essa, si allontanavano anche gli uni dagli altri. Oggi, alcuni secoli più tardi, scopriamo che quella non fu una buona idea. In poche parole, non funziona.

Nel momento in cui l'uomo aveva iniziato a considerare ostile il proprio ambiente e la società, aveva anche cessato di considerare gli altri come il prossimo e la Natura come una dimora. L'amore ha lasciato spazio all'odio e gli individui si sono separati ancor di più, fino a distaccarsi gli uni dagli altri.

Di conseguenza, quell'unica nazione del mondo antico si suddivise. Prima in due gruppi: uno si diresse a est e l'altro a ovest. Questi due gruppi continuarono poi a dividersi e a frammentarsi, formando così le molteplici nazioni che conosciamo oggi.

Uno dei sintomi più evidenti di questa divisione, che la Bibbia descrive con "la caduta della torre di Babele", è stata la Creazione di numerose lingue. Le lingue separarono gli uomini e crearono confusione e disordine. La parola ebraica per confusione è *Bilbul* e, per rappresentare la confusione, la capitale della Mesopotamia ha ricevuto il nome di Babele (Babilonia).

> ## Una finestra sulla Kabbalah
>
> All'epoca, Abramo viveva a Babilonia e aiutava suo padre a fabbricare piccoli idoli che vendeva nel negozio di famiglia. Ovviamente Abramo si trovava nel bel mezzo di una confusione di correnti di pensiero, che all'epoca prosperavano a Babilonia, la città più moderna dei tempi antichi. Questa confusione spiega la ripetuta domanda che Abramo si poneva e che lo condusse a scoprire il segreto della Natura: "Chi governa il mondo?" Quando capì che la confusione e la separazione avevano uno scopo ben preciso, cominciò a insegnare la legge della Natura a chiunque volesse ascoltarlo.

Fin da questa separazione, quando i nostri desideri sono passati dal livello zero al livello uno, abbiamo dovuto fare i conti con la Natura. Invece di correggere il nostro crescente egoismo per restare tutt'uno con la Natura, e pertanto con il Creatore, ci siamo costruiti scudi meccanici e tecnologici per proteggerci. Il motivo originario per cui abbiamo sviluppato la scienza e la tecnologia, infatti, era quello di proteggerci dai fenomeni naturali. Ma, che ce ne rendiamo conto o meno, in realtà oggi stiamo tentando di controllare il Creatore e di prenderne il comando.

Nascondersi, cercare e non trovare

Il livello di egoismo dell'umanità ha continuato a crescere incessantemente e ogni volta ci siamo allontanati sempre di più dalla Natura, dal Creatore. Nella Kabbalah, la distanza non si misura in termini di lunghezza, ma di *qualità*. Le qualità del Creatore sono l'essere tutt'uno con l'universo, l'unità e la capacità di donare; ma non ci è possibile percepirLo se non abbiamo le Sue stesse qualità. Se siamo concentrati su noi stessi, non abbiamo alcuna possibilità di connetterci a qualcosa di così unificante e altruistico come il Creatore. Sarebbe come cercare di guardare negli occhi una persona che sta dietro le nostre spalle.

Più voltiamo le spalle al Creatore, tentando di controllarLo, più ci sentiamo frustrati. Evidentemente non possiamo dominare qualcosa che non riusciamo a vedere né a percepire. Questo desiderio non potrà mai essere soddisfatto, finché non ci voltiamo e guardiamo nella direzione opposta; solo così Lo troveremo.

Sono sempre di più le persone ormai stanche delle promesse dell'era tecnologica: denaro, salute e, soprattutto, un futuro sicuro. Pochi sono coloro che hanno raggiunto questi traguardi, ma anch'essi non hanno la sicurezza di poterli mantenere nel futuro. Ma l'elemento positivo di questa situazione è che ci costringe a riconsiderare la direzione presa e a chiederci: "È possibile che, in tutto questo tempo, abbiamo percorso la strada sbagliata?"

In particolare, oggi possiamo riconoscere la crisi e il vicolo cieco in cui ci troviamo e possiamo quindi ammettere apertamente di non avere via d'uscita. Invece di enfatizzare, con l'aiuto della tecnologia, il nostro approccio egoista, in opposizione alla Natura, faremmo meglio a trasformare il nostro egoismo in altruismo e, di conseguenza, tornare in unità con la Natura.

Nella Kabbalah, questo cambiamento è chiamato *Tikùn* (correzione). Per riconoscere la nostra opposizione rispetto al Creatore, dobbiamo riconoscere la spaccatura che è avvenuta fra noi esseri umani cinquemila anni fa. Si chiama "Riconoscere il male". Non è facile, ma è il primo passo da intraprendere verso una vita veramente piena e felice.

Il lieto fine della crisi mondiale

Nell'arco degli ultimi 5000 anni, ciascuno dei due gruppi prodotti dalla lacerazione avvenuta in Mesopotamia (quello che si diresse a Ovest e quello che si diresse a Est) si è evoluto in tanti popoli differenti. Dei due gruppi originari, uno formò quella che oggi chiamiamo "civiltà occidentale" e l'altro formò quella che è nota come "civiltà orientale".

L'acuirsi della spaccatura fra le due civiltà rappresenta il culmine di un processo che ha avuto inizio da questa prima divisione. Cinquemila anni fa, un'unica nazione si è divisa perché il crescente egoismo ha separato il suo popolo. Ora è venuto il momento per l'umanità di riunirsi, per tornare a essere una sola nazione. Tutti noi siamo sempre sul punto di rottura, lo stesso di tanti anni fa, solo che oggi ne siamo più consapevoli.

Secondo la saggezza della Kabbalah questo collasso delle culture e il riemergere delle credenze mistiche, numerose nell'antica Mesopotamia, segna l'inizio del cammino dell'umanità verso una nuova civiltà. Oggi cominciamo a comprendere che abbiamo bisogno gli uni degli altri e che dobbiamo tornare allo stato che precedeva questa spaccatura. Ricostruendo un'umanità unita, ristabiliremo allo stesso tempo anche il nostro legame con la Natura, con il Creatore.

L'egoismo è una trappola

Ai tempi in cui fioriva il misticismo, venne riscoperta la saggezza della Kabbalah che era in grado di spiegare il nostro crescente egoismo. I Kabbalisti ci insegnano che tutto ciò che esiste serve per soddisfare i nostri desideri.

Ma quando i desideri sono egocentrici, non possono essere soddisfatti in modo naturale. Ciò dipende dal fatto che, una volta soddisfatto un desiderio, lo dimentichiamo; sparito il desiderio sparisce anche il piacere.

Pensate al vostro piatto preferito. Immaginatevi in un bel ristorante, comodamente seduti a un tavolo con camerieri premurosi che vi portano proprio il vostro piatto preferito. Che profumo, così delizioso e familiare... Potete già immaginarvi il sapore, vero? Da far venire l'acquolina in bocca!

Ma già dal primo boccone il piacere diminuisce. Prima l'appetito e poi il piacere, se ne vanno mangiando. Infine, quando siete sazi, non provando più il piacere iniziale, smettete di mangiare. Non smettete perché siete pieni, ma perché cibarsi non dà più soddisfazione, quando lo stomaco è pieno. Questa è la trappola dell'egoismo: una volta ottenuto qualcosa, non lo desideriamo più.

Tuttavia non possiamo vivere senza il piacere, per cui siamo *obbligati* a ricercare piaceri sempre nuovi e sempre più grandi. Questa ricerca di nuovi piaceri finirà puntualmente con un'altra delusione e così via. È un circolo vizioso. Ovviamente, più desideriamo, più ci sentiamo vuoti e questo aumenta la nostra frustrazione. Oggi, poiché ci troviamo di fronte al più elevato livello di desiderio, il più intenso della storia, ci sentiamo ancora più insoddisfatti di prima, anche se disponiamo di molti più mezzi dei nostri genitori e dei nostri nonni. Il contrasto fra quello che abbiamo e la nostra crescente insoddisfazione è l'essenza della crisi che sperimentiamo oggi. Più diventiamo egoisti, più ci sentiamo svuotati e più aumenta la nostra frustrazione.

La necessità dell'altruismo

Un tempo eravamo tutti legati interiormente. Ci sentivamo e ci consideravamo come un unico essere umano e questo era esattamente il modo in cui ci trattava la Natura. Questo essere umano "collettivo" si chiama Adamo, dalla parola ebraica *"Domè"* (simile), che significa simile al Creatore, che è Uno e Unico. Tuttavia, a dispetto di questo nostro legame iniziale, abbiamo perso progressivamente la sensazione di unità, nella misura in cui il nostro egoismo cresceva e ci siamo allontanati sempre di più gli uni dagli altri.

I libri della Kabbalah dicono che, secondo il piano della Natura, il nostro egoismo continuerà a crescere finché comprenderemo che siamo talmente separati gli uni dagli altri, da arrivare a provare odio reciproco. In base a questo piano, dovevamo prima sperimentare cosa vuol dire essere una sola entità e solo in seguito separarci in più individui egoisti. Solo in questo modo avremmo compreso di essere in totale opposizione al Creatore e completamente egoisti.

Del resto, questo è l'unico modo per comprendere che l'egoismo è negativo, non appagante e senza speranza. Come abbiamo già detto, il nostro egoismo ci separa dagli altri e dalla Natura. Ma prima di iniziare un cambiamento dobbiamo ammettere che è necessario. Questo ci porterà a voler cambiare e a ricercare dentro di noi la via per diventare altruisti, ricollegandoci all'intera umanità, alla Natura e al Creatore. Dopo tutto, come abbiamo già detto, il desiderio è il motore del cambiamento.

Una finestra sulla Kabbalah

Il Kabbalista Yehudà Ashlag ha scritto che l'ingresso e poi la fuoriuscita della "Luce Superiore" rendono il vaso (il desiderio) adatto alla sua funzione: essere altruista. In altre parole, se vogliamo percepire l'unione con il Creatore, dobbiamo sperimentare prima questa unità e poi la perdita di questo legame. Sperimentando questi due stati saremo in grado di scegliere tramite la nostra coscienza e la coscienza è necessaria per una reale unità.

Possiamo paragonare questo processo a un bambino che, per tutta l'infanzia, si sente unito ai genitori; poi nell'adolescenza si ribella, ma una volta adulto li comprende e giustifica l'educazione che da essi ha ricevuto.

In realtà l'altruismo non è affatto una libera scelta. Ci sembra di poter scegliere semplicemente se essere egoisti o altruisti. Osservando la Natura, vediamo che l'altruismo è una legge fondamentale dell'esistenza. Per esempio, ogni cellula dell'essere umano è intrinsecamente egoista; ma per mantenersi in vita deve rinunciare a queste tendenze egoistiche per il benessere di tutto il corpo, assicurando così sia la propria sopravvivenza, sia quella del corpo.

Dobbiamo sviluppare con gli altri un legame analogo: più saremo uniti e più saremo in grado di percepire l'eternità della vita di Adamo, invece del semplice trascorrere della nostra esistenza materiale.

Specialmente oggi, l'altruismo è diventato essenziale per la nostra sopravvivenza. È evidente che siamo tutti collegati e reciprocamente dipendenti. Questa dipendenza suscita una nuova e più precisa definizione di altruismo. È altruistico ogni atto e ogni intenzione proveniente da un bisogno di collegare l'umanità in una grande entità; viceversa è egoistico ogni atto o intenzione che *non* è diretto verso l'unione dell'umanità.

Ne consegue che la nostra opposizione alla Natura è la sorgente di tutte le sofferenze esistenti. Tutti gli organismi della Natura, i minerali, le piante e gli animali, seguono istintivamente le leggi altruistiche della Natura; solo il comportamento umano è contrario alla Natura e al Creatore.

Per di più, la sofferenza che percepiamo intorno a noi non è solo un nostro problema. I nostri errori si ripercuotono su tutti gli altri elementi della Natura. Se ogni elemento segue istintivamente questa legge e solo l'uomo non lo fa, l'uomo rappresenta l'unico elemento corrotto della Natura. In altri termini, se trasformassimo il nostro egoismo in altruismo, tutto beneficerebbe di questa correzione: problemi come l'inquinamento, la fame nel mondo, le guerre e tutte le altre difficoltà, sparirebbero dalla società.

Una migliore percezione

L'altruismo racchiude in sé un prezioso regalo. In apparenza sembrerebbe che il solo cambiamento consista nel mettere i desideri e le necessità degli altri davanti ai nostri. Ma in realtà, otterremmo un beneficio ben più importante: pensando agli altri, noi diventeremmo tutt'uno con loro e loro con noi.

Provate a immaginare la cosa in questo modo: vi sono quasi 7 miliardi di persone sulla faccia della terra. Cosa succederebbe se al posto di avere due braccia, due gambe e un cervello, avessimo 14 miliardi di braccia e gambe e 7 miliardi di cervelli? Quest'idea suona piuttosto strana, vero? Non necessariamente, poiché se tutte queste menti funzionassero come una sola, l'umanità agirebbe come un solo corpo, le cui capacità sarebbero moltiplicate per 7 miliardi.

Ma i vantaggi non sono finiti! Oltre a diventare una sorta di superuomo, ogni persona, diventando altruista, riceverebbe il più grande regalo che si possa immaginare: una conoscenza infinita delle cose. Poiché l'altruismo è la natura del Creatore, acquisire questa qualità ci permetterebbe di partecipare alla Sua natura e cominceremmo così a *pensare* come Lui. Potremmo imparare a capire perché si verificano i fenomeni naturali e, se necessario, imparare a farli accadere in maniera differente. Nella Kabbalah questo stato si chiama "L'uguaglianza della forma" e questo è lo scopo della Creazione.

Questo stadio di percezione ampliata e di uguaglianza della forma, è la ragione per la quale siamo stati creati uniti e poi ci siamo divisi: per permetterci in seguito di riunirci nuovamente. Nel processo di riunificazione, impariamo il motivo per il quale la Natura si comporta in un certo modo, diventando saggi come il Pensiero.

Uniformandoci alla Natura ci sentiremo come Lei: eterni e perfetti. In questo stato, neppure la morte del corpo sarà più in grado di impedirci di continuare a vivere, nell'eternità della Natura. La vita materiale e la morte non ci influenzeranno più, poiché la nostra percezione egocentrica lascerà il posto a una percezione completa e altruista. Le nostre vite confluiranno nella vita della Natura.

Il momento è arrivato

Il *Libro dello Zohar*, l'opera chiave della Kabbalah, è stato scritto circa 2.000 anni fa. E già allora l'autore scriveva che, alla fine del ventesimo secolo, l'egoismo dell'umanità avrebbe raggiunto i suoi massimi livelli.

Come abbiamo già detto precedentemente, più aumenta il nostro desiderio e più cresce la sensazione di vuoto interiore. Questo è il motivo per cui, alla fine del ventesimo secolo, gli uomini hanno conosciuto un periodo di depressione senza precedenti. Il *Libro dello Zohar* dice che, quando tale vuoto arriverà, l'umanità dovrà trovare un metodo per colmarlo e per aiutare tutti a essere felici. Nello *Zohar* è scritto che è giunto il tempo di presentare la Kabbalah all'intera umanità, come soluzione per ottenere la felicità, grazie alla fusione con la Natura.

Il processo per l'ottenimento della felicità, *"Tikùn"*, non avverrà in un batter d'occhio e di sicuro non per tutti nello stesso momento. Perché accada il *Tikùn occorre desiderare che accada*. È un processo che evolve in parallelo alla nostra volontà.

La correzione comincia nel momento in cui comprendiamo che la nostra natura egoista è la causa dei nostri mali. È un cammino molto personale e intenso, ma che porta inevitabilmente a voler cambiare: a passare dall'egoismo all'altruismo.

Come abbiamo detto, il Creatore ci tratta come un unico essere. Abbiamo provato a raggiungere i nostri obiettivi in modo egoistico e oggi stiamo scoprendo che i nostri problemi non saranno risolti se non in modo collettivo e altruistico. Più diverremo coscienti del nostro egoismo e più saremo in grado di servirci del metodo della Kabbalah per cambiare la nostra natura. Non siamo stati in grado di farlo quando la Kabbalah è apparsa per la prima volta, ma ora è giunto il momento, perché sappiamo di averne bisogno.

In questi ultimi 5.000 anni dell'evoluzione umana abbiamo sperimentato vari metodi: abbiamo esaminato i piaceri raggiunti, abbiamo sperimentato la disillusione e ci siamo rivolti ad altro. I metodi vanno e vengono, ma non siamo più felici. Ora che il metodo della Kabbalah ci insegna a correggere il nostro egoismo abbiamo la possibilità di evitare il sentiero che ci porta alla disillusione.

Ci basta correggere il nostro egoismo con la Kabbalah e tutte le altre correzioni seguiranno come in una reazione a catena. Al momento della correzione saremo in grado di percepire una grande pienezza, una grande ispirazione e una gioia immensa.

Riassumendo

La saggezza della Kabbalah (la saggezza della ricezione) apparve per la prima volta 5.000 anni fa, quando gli uomini cominciarono a domandarsi quale fosse lo scopo della vita. Coloro che la studiavano furono chiamati "Kabbalisti" e avevano le risposte alle domande essenziali sul ruolo dell'umanità nell'universo.

Tuttavia, in quell'epoca i desideri della maggioranza delle persone erano troppo piccoli per poter aspirare a una maggiore conoscenza. Quando i Kabbalisti videro che gli uomini non avevano più bisogno della loro saggezza, iniziarono a nasconderla, serbandola in segreto e aspettando il momento in cui tutti fossero stati maturi. Nel frattempo, l'umanità seguiva altre strade, come la religione e la scienza.

Oggigiorno un numero sempre crescente di persone è convinto che la religione e la scienza non siano in grado di dare risposte agli interrogativi più profondi e hanno iniziato a rivolgersi altrove. Questo è il tempo che la Kabbalah stava attendendo e questo è il motivo per cui è riapparsa: per fornire la risposta alle domande sullo scopo dell'esistenza.

La Kabbalah ci insegna che la Natura, sinonimo del Creatore, è unita e altruista. Ci spiega che non solo è necessario comprendere la Natura, ma è anche essenziale acquisire questo metodo di esistenza.

La Kabbalah afferma che, se ci mettessimo in armonia con la Natura, potremmo comprendere il Pensiero profondo che si cela dietro a essa: il Piano Generale. La Kabbalah afferma infine che la comprensione di questo Piano Generale ci renderà uguali al Grande Architetto e che questo è lo scopo della Creazione: diventare tutt'uno con il Creatore.

CAPITOLO 2

Il desiderio più grande del mondo

Dopo aver introdotto le origini della Kabbalah, vedremo ora il modo in cui la Kabbalah può entrare in relazione con noi.

Come molti sanno, lo studio della Kabbalah comprende molti termini arcaici. Molte parole provengono dall'ebraico, alcune sono in aramaico e altre in greco. Fortunatamente, sia i principianti, sia gli studiosi di livello più avanzato, potranno progredire benissimo anche conoscendo solamente alcuni di questi termini. Malgrado essi rappresentino degli stati spirituali, sperimentandoli nella nostra vita, ne scopriremo i nomi corretti.

La Kabbalah parla dei desideri e del modo in cui soddisfarli. Essa esplora l'animo umano e la sua evoluzione: dal modesto inizio di un seme spirituale, fino al suo apice, l'Albero della Vita. Una volta acquisiti i punti essenziali, tutto il resto si apprende direttamente con il cuore.

Un trampolino per la crescita

Ripartiamo da quello che abbiamo presentato alla fine del primo capitolo. Abbiamo detto che tutto potrebbe essere meraviglioso, se solo imparassimo a usare diversamente il nostro egoismo, unendoci gli uni agli altri per formare un'unica entità spirituale. Abbiamo anche scoperto che esiste un modo per riuscirci: il metodo della Kabbalah, concepito proprio per questo scopo.

Ma quando ci guardiamo intorno, possiamo chiaramente vedere che non ci aspetta un futuro radioso. Siamo in una crisi profonda e prossimi al collasso. Anche se per ora questa situazione non ha influito direttamente su di noi, nessuno ci garantisce che un domani non ne saremo colpiti. Questa crisi ha lasciato tracce in tutti gli ambiti: nella nostra vita personale, nella società e anche nella Natura.

Una crisi dentro e fra di noi non è di per sé negativa, ma indica che lo stato di cose corrente è giunto a esaurimento e che è ora di passare alla fase successiva. La democrazia, la rivoluzione industriale, la liberazione della donna e la fisica quantistica sono tutte conseguenze di una crisi nei rispettivi campi. In verità, tutto quello che esiste oggi non è altro che la conseguenza di una precedente crisi.

La crisi attuale non è molto differente dalle precedenti; tuttavia è molto più intensa e riguarda il mondo intero. Ciononostante, come ogni altra crisi, può essere un'opportunità di cambiamento, un trampolino di lancio per una crescita personale. Optando per la scelta giusta, le nostre problematiche potrebbero semplicemente sparire. Potremmo senza difficoltà fornire alimenti, acqua potabile e una casa alle popolazioni di tutto il mondo. Potremmo stabilire una pace duratura a livello mondiale e rendere questo pianeta prospero e dinamico.

Per far sì che tutto questo avvenga, però, dobbiamo *volerlo* e scegliere ciò che la Natura *vuole* che noi si scegliamo: l'unione al posto della separazione.

Allora perché non abbracciare questa unione? Perché esiste questa distanza fra di noi? Più progrediamo, più arricchiamo le nostre conoscenze e più ci separiamo gli uni dagli altri. Sappiamo costruire grandi astronavi, robot microscopici e abbiamo terminato la ricerca sulla struttura genetica del DNA, ma non abbiamo ancora imparato a essere felici. Perché?

Più studiamo la Kabbalah, più scopriamo che ci guida nel riconoscere la causa di tutte le cose. Prima di darci una qualunque risposta, ci dice perché ci ritroviamo nello stato attuale. Una volta riconosciuta la causa profonda della nostra situazione, non avremo quasi più bisogno di alcuna guida.

Con questo spirito, guardando a tutto quello che abbiamo appreso finora, forse scopriremo perché non abbiamo ancora trovato la chiave della felicità.

Dietro porte chiuse

L'uomo, se allevato in maniera inadeguata o non onorevole, diviene la più selvaggia delle creature della terra.

Platone - Le Leggi

La conoscenza è sempre stata considerata un valore. Lo spionaggio non è un'invenzione dei tempi moderni; è sempre esistito. La sua esistenza è sempre stata legata al bisogno di possedere la conoscenza, la sola domanda è: *chi* aveva bisogno della conoscenza?

In passato, coloro che detenevano la conoscenza erano chiamati "saggi" e questa sapienza riguardava i segreti della Natura. I saggi custodivano le proprie conoscenze, temendo che potessero cadere in mani indegne.

Ma come decidere chi merita di conoscere? Il fatto di possedere informazioni esclusive ci dà il diritto di tenerle nascoste? Nessuno vuol sentirsi dire che non è degno di conoscere; siamo tutti in cerca di informazioni, anche di quelle non accessibili.

Non è sempre stato così. Molti anni fa, prima che l'egoismo raggiungesse questi livelli, gli uomini si preoccupavano del bene comune prima ancora di pensare a se stessi. Tutti si sentivano parte della Natura e dell'intera umanità e non semplicemente se stessi. Questo era il modo più naturale di esistere.

Oggi le nostre considerazioni sono cambiate radicalmente: pensiamo di avere il diritto di sapere tutto e di fare tutto. Questo è quanto il nostro livello di egoismo ci ordina sistematicamente.

In effetti, prima ancora che l'umanità raggiungesse il quarto livello del desiderio, gli intellettuali avevano cominciato a vendere le proprie conoscenze in cambio di profitti materiali: denaro, onorificenze, potere. Aumentando le tentazioni di carattere materiale, l'uomo non fu più in grado di conservare un tipo di vita modesto e di consacrarsi completamente alla Natura. I saggi hanno così cominciato a utilizzare le proprie conoscenze al solo scopo di raggiungere piaceri materiali.

Oggi, con l'avanzamento della tecnologia e l'intensificazione del nostro egoismo, il cattivo impiego del sapere è diventato la norma, a tal punto che più la tecnologia progredisce e più diventiamo pericolosi per noi stessi e per l'ambiente. Più siamo potenti e più siamo tentati di servirci del nostro potere per ottenere tutto ciò che vogliamo.

Come abbiamo detto, il desiderio di ricevere ha quattro livelli di intensità. Più diventa forte e più si accentua il nostro degrado sociale e morale. Per questo non ci dobbiamo meravigliare se il mondo peggiora sempre più. Diviene anche molto chiaro il motivo per il quale i saggi ritennero opportuno celare le proprie conoscenze e perché oggi il loro egoismo è cresciuto a tal punto da costringerli a svelarle.

Senza cambiare noi stessi, la nostra conoscenza e il progresso tecnologico non ci verranno in aiuto. Al contrario, non faranno che produrre sofferenze ancora più grandi di quelle attuali. È veramente ingenuo credere che attraverso il progresso scientifico possiamo avere una vita migliore. Se vogliamo un futuro più promettente, dobbiamo solamente cambiare noi stessi.

L'evoluzione dei desideri

La natura umana è egoista: questa affermazione non farà certo scalpore. Ma poiché siamo naturalmente egoisti, tutti, senza eccezione, siamo inclini a far cattivo uso delle nostre conoscenze. Questo non significa necessariamente che siamo pronti a commettere un crimine avvalendoci delle nostre conoscenze. Ma può invece accadere che utilizziamo le nostre conoscenze in maniera sbagliata, soprattutto nelle piccole cose della vita quotidiana; per esempio per ottenere una promozione immeritata, oppure per creare dei problemi al nostro migliore amico.

Ma la realtà è ben diversa: non è la natura umana a essere egoista, *siamo noi a esserlo*. La prima volta che veniamo in contatto con il nostro egoismo, viviamo un'esperienza che ci fa riflettere molto e che, per di più, non è particolarmente piacevole.

Esiste un valido motivo per cui il nostro desiderio di ricevere è in costante evoluzione. Affronteremo questo argomento fra breve; per il momento, invece, concentriamoci sul ruolo svolto da questa evoluzione nel processo di acquisizione della conoscenza.

Quando nasce un nuovo desiderio, questo crea nuovi bisogni e, mentre cerchiamo di soddisfare questi nuovi bisogni, sviluppiamo e miglioriamo il nostro intelletto. In altre parole, è la stessa evoluzione del desiderio di ricevere piacere che causa l'evoluzione umana.

> Una finestra sulla Kabbalah
>
> Il primo livello del desiderio è relativo ai principali desideri fisici: il cibo, il sesso, la famiglia, la casa. Sono i desideri più elementari, che accomunano tutti gli esseri viventi.
>
> A differenza del primo livello del desiderio, tutti i livelli successivi sono propri dell'uomo e derivano dalla società. Il secondo livello è il desiderio di arricchimento; il terzo è il desiderio di ricevere onori, gloria e potere; il quarto livello è il desiderio di conoscenza.

Uno sguardo alla storia dell'umanità dal punto di vista dell'evoluzione dei desideri, evidenzia come questi crescenti desideri abbiano dato origine a ogni concetto, scoperta e invenzione. Ogni innovazione è sempre servita a soddisfare i nostri crescenti bisogni ed è sempre nata dal nostro desiderio.

Felicità o infelicità, piacere o sofferenza, dipendono dal grado di appagamento dei nostri bisogni, malgrado la soddisfazione di questi bisogni esiga sempre nuovi sforzi. Oggi siamo guidati a tal punto dai nostri piaceri che, come dice il Kabbalista Yehudà Ashlag, "Nessuno compie il minimo movimento senza una motivazione". Egli ci fornisce il seguente esempio: "Quando, per esempio, una persona sposta la mano dalla sedia per posarla sul tavolo, lo fa solo perché pensa che mettendo la mano sul tavolo, proverebbe maggior piacere. Altrimenti, lascerebbe la mano sulla sedia per il resto della vita."

Nel capitolo precedente, abbiamo scoperto che l'egoismo è una sorta di trappola. In altre parole, l'intensità del piacere dipende da quella del desiderio. Quando aumenta la sazietà, il desiderio diminuisce proporzionalmente. Una volta esaudito il desiderio, sparisce completamente anche il piacere che ne deriva. Di conseguenza, per godere di una cosa, non dobbiamo semplicemente volerla, ma dobbiamo continuare ad aspirare a essa, altrimenti il piacere scomparirebbe.

Inoltre, il piacere non è proprio dell'oggetto del desiderio, ma risiede dentro colui che ricerca il piacere stesso. Per esempio: se ho una passione per il tonno, ciò non significa che il tonno contenga del piacere in se stesso, ma che il piacere *esiste in me*, sotto forma di desiderio di tonno.

Domandate a un tonno se apprezza le proprie carni, non credo che risponderebbe in modo affermativo. Potremmo ingenuamente chiedergli: "Perché non ti apprezzi? Quando ti mangio sei talmente buono... e tu sei composto di tanta carne! Al tuo posto mi sentirei in Paradiso."

Naturalmente sappiamo che si tratta di un dialogo irreale e non solo perché un tonno non parla. Possiamo però immaginare che un tonno non apprezzi le proprie carni, al contrario degli esseri umani.

Perché amiamo mangiare la carne del tonno? *Perché la desideriamo.* Il tonno non trae piacere dalla propria carne perché non la desidera. Il desiderio di trarre piacere da un oggetto si chiama *Kli* (recipiente) e il fatto di ricevere piacere dentro il *Kli* si chiama *Ohr* (Luce).

I concetti di *Kli* e *Ohr* sono indiscutibilmente i più importanti contenuti nella Kabbalah. Quando siamo in grado di costruire un *Kli*, un recipiente, per il Creatore, possiamo ricevere la Sua Luce.

Controllare i desideri

Ora che sappiamo che i desideri generano il progresso, vediamo come ce ne siamo serviti nel corso della storia. Per lo più abbiamo avuto due modi di trattare i desideri:

- trasformando i desideri in abitudini, "addomesticandoli" e controllandoli; facendoli diventare una routine quotidiana;
- sminuendo i desideri fino a sopprimerli.

La maggior parte delle religioni si serve del primo metodo, "premiando" ciascuna azione con una ricompensa. Per invogliarci a compiere il bene, i nostri genitori e quanti ci circondavano ci ricompensavano ogni volta che agivamo "correttamente". Crescendo, le ricompense sono progressivamente venute meno, ma le nostre azioni, ormai diventate un'abitudine, si sono impresse nella nostra mente come "gratificazioni".

Quando ci abituiamo a qualcosa, questa diventa un tratto del nostro carattere: ogni azione intrapresa seguendo la nostra natura genera in noi un senso di benessere, qualcosa che ci fa sentire bene con noi stessi.

Il secondo modo di gestire i nostri desideri, sminuendoli, viene principalmente adottato dalle filosofie e dagli insegnamenti orientali. Questo approccio segue una regola molto semplice: è preferibile non desiderare, piuttosto che desiderare e non avere o, nelle parole di Lao Tzu (604 a.C. – 531 a.C.), "Mostra pienezza,

abbraccia la semplicità, riduci l'egoismo, abbi pochi desideri"
(La Vita di Lao Tzu).

Per molti anni ci è sembrato di poter gestire i desideri grazie
a questi due metodi; anche se non abbiamo veramente ottenuto
quello che cercavamo (sempre per la "legge della ricezione":
quando hai ciò che desideri, non lo desideri più), il perseguimento
in se stesso è stato gratificante. Ogni volta che emergeva un nuovo
desiderio, abbiamo pensato che questo avrebbe soddisfatto
tutte le nostre aspettative. Abbiamo conservato la speranza
finché abbiamo continuato a sognare; dove c'è speranza c'è vita,
malgrado i sogni non si realizzino.

Ora che i nostri desideri si sono evoluti, è diventato sempre
più difficile soddisfarli con sogni non realizzati, con un *Kli*
(recipiente) vuoto, privato della soddisfazione alla quale era
destinato. E così i due metodi (addomesticare e sminuire i
desideri) vanno ormai incontro solo a una sconfitta più grande.
Se non saremo in grado di contenere i nostri desideri, non avremo
altra scelta se non cercare un modo per soddisfarli. Arrivati a
questo punto, possiamo abbandonare gli antichi metodi oppure
cercare di integrarli con un nuovo metodo di ricerca.

Sorge un nuovo desiderio

Abbiamo detto che esistono quattro livelli nel desiderio di
ricevere: a) i desideri fisici di nutrirsi, riprodursi e fondare una
famiglia; b) il desiderio di ricchezza; c) il desiderio di potere e
rispetto (talvolta distinti); d) il desiderio di conoscenza.

I quattro livelli sono a loro volta suddivisi in due gruppi.
Livello 1: i desideri primari, condivisi da tutte le creature viventi.

Livelli 2, 3 e 4: i desideri umani, i quali sono propri dell'uomo. Quest'ultimo gruppo ci ha portato all'attuale situazione.

Tuttavia, ai giorni nostri esiste un nuovo desiderio: il quinto stadio dell'evoluzione del desiderio di ricevere. Come abbiamo detto nel capitolo precedente, *Il Libro dello Zohar* annunciava che alla fine del ventesimo secolo sarebbe apparso un nuovo desiderio.

Non si tratta semplicemente di un nuovo desiderio, bensì del culmine di tutti i desideri precedenti. Non è solamente il desiderio più potente; incorpora elementi tanto unici da differenziarlo da tutti gli altri.

Quando i Kabbalisti parlano del cuore non alludono all'organo che batte nel nostro petto, ma ai desideri dei primi quattro livelli. Il quinto livello del desiderio ha un'essenza diversa, infatti ottiene soddisfazione solamente attraverso la Spiritualità e non dalle cose materiali. Questo desiderio è la radice della crescita spirituale che ciascuno di noi è destinato a sperimentare. Per questo motivo i Kabbalisti chiamano questo desiderio il "punto nel cuore".

Un nuovo metodo per un nuovo desiderio

Quando appare il "punto nel cuore", iniziamo a sostituire i piaceri materiali (sesso, denaro, potere e conoscenza) con i piaceri Spirituali. Poiché stiamo ricercando una forma di piacere completamente nuova, è necessario trovare un nuovo metodo per soddisfarlo: il metodo per soddisfare il nuovo desiderio è "la saggezza della Kabbalah" (la saggezza di imparare a ricevere).

Per comprendere questo nuovo metodo, vediamo la differenza esistente fra la saggezza della Kabbalah, il cui scopo è quello di soddisfare il desiderio di spiritualità, e gli altri metodi, i quali servono solo a soddisfare i desideri più materiali. Quanto ai desideri più terreni, possiamo definirli senza difficoltà: se abbiamo fame, cerchiamo del cibo e se vogliamo essere imporci, ci comportiamo in modo da guadagnarci il rispetto altrui.

Ma se non conosciamo esattamente cosa sia la spiritualità, come possiamo imparare a raggiungerla? Poiché, all'inizio del nostro cammino, non comprendiamo che quello che vero desiderio è quello di scoprire il Creatore, non comprendiamo che dovremmo trovare un nuovo metodo per ricercarLo. Questo desiderio è talmente differente da quelli provati in precedenza che ci appare poco chiaro, soprattutto perché, quando lo scopriamo, e in seguito desideriamo soddisfarlo, dobbiamo ricorrere a una saggezza che per millenni è stata occultata.

Finché desideravamo solamente il cibo, un certo stato sociale e al massimo un po' di conoscenza, non avevamo bisogno della Saggezza occulta. Non ci sarebbe stata utile, perciò è rimasta nascosta. Tanto più che il suo occultamento non significa che sia stata abbandonata. Al contrario, per cinquemila anni i Kabbalisti l'hanno raffinata, in previsione dell'epoca nella quale l'uomo avrebbe riscoperto di averne bisogno. Pertanto hanno scritto libri sempre più semplici, per rendere la Kabbalah sempre più comprensibile e accessibile.

Essi sapevano che nel futuro il mondo intero ne avrebbe avuto bisogno e scrissero che ciò sarebbe accaduto nel momento in cui sarebbe apparso il quinto livello del desiderio. Ora questo livello è comparso e tutti coloro che lo riconoscono sentono il bisogno della saggezza della Kabbalah.

Secondo la terminologia Kabbalistica, per ricevere il piacere bisogna disporre del suo contenitore *"Kli"* ovvero di un desiderio ben definito per ottenere un particolare piacere. La comparsa di un *Kli* costringe la nostra mente a ricercare un mezzo per riempirlo con la Luce (*Ohr*). Ora che molti di noi hanno il "punto nel cuore", la saggezza della Kabbalah si presenta come un mezzo per soddisfare il nostro desiderio di Spiritualità.

Tikùn: correggere il desiderio di ricevere

Abbiamo già visto che il desiderio di ricevere è una trappola: quando riceviamo quello a cui tanto aspiravamo, smettiamo quasi immediatamente di desiderarlo; chiaramente, senza desiderio, non ricaviamo più alcun piacere.

Per evitare questa trappola, il desiderio di spiritualità arriva con un suo proprio meccanismo predeterminato. Questo meccanismo si chiama Tikùn (correzione). Un desiderio del quinto livello, per poter essere usato efficacemente e con piacere, deve essere prima di tutto "rivestito" del Tikùn.

La comprensione della Tikùn risolverà numerosi fraintendimenti associati alla Kabbalah. Il desiderio di ricevere è stato la forza motrice di tutti i progressi e di tutti i cambiamenti nella storia dell'umanità. Tuttavia il desiderio di ricevere è sempre stato legato al ricevere piacere per pura autogratificazione. Anche se non c'è nulla di male a desiderare il piacere, *l'intenzione* di soddisfare i nostri interessi personali per appagare il nostro ego, ci mette in contrapposizione con la Natura, con il Creatore. Ecco perché, volendo ricevere *per noi stessi*, ci separiamo dal Creatore.

Questo è il nostro problema, la ragione di tutti i nostri mali e delle nostre frustrazioni.

La *Tikùn* non avviene quando cessiamo di voler ricevere, ma quando cambiamo la ragione per la quale riceviamo, cioè la nostra *intenzione*. Quando riceviamo per fini strettamente personali, parliamo di "egoismo". Quando, invece, riceviamo con lo scopo di unirci al Creatore, parliamo di "altruismo", intendendo con ciò l'unione con la Natura.

Per esempio, amate mangiare sempre le stesse cose tutti i giorni? Certamente no! Ora, questo è esattamente ciò di cui hanno bisogno i neonati. Non hanno scelta. L'unico motivo della loro condiscendenza è che non conoscono altro. Esistono sicuramente numerosi piaceri derivanti dal cibo e non solo con lo scopo di riempire lo stomaco.

Ora considerate la madre del neonato. Immaginate il suo viso raggiante mentre lo allatta: quando lo osserva mangiare con sano appetito, si sente come in Paradiso. Al massimo il neonato può essere soddisfatto di mangiare, mentre la madre è completamente rapita dalla felicità.

In effetti le cose avvengono così: madre e figlio traggono piacere dallo stesso desiderio, ovvero il nutrimento del bambino. Ma mentre il bambino si concentrerà solamente sul proprio stomaco, la madre proverà una gioia infinitamente superiore, in quanto soddisfa il desiderio di dare al proprio bambino. La sua attenzione non è rivolta a se stessa, bensì a suo figlio.

Lo stesso avviene in Natura. Se fossimo in grado di capire cosa la Natura si aspetta da noi e ci comportassimo di conseguenza, potremmo provare il piacere di donare; non lo proveremmo a un livello istintivo, come nel rapporto fra madre e figlio, bensì al livello spirituale del nostro legame con la Natura stessa.

In ebraico, la lingua originaria della Kabbalah, l'intenzione si chiama *Kavanà*. Ecco perché la *Tikùn*, la correzione da compiere è quella di ricercare una buona *Kavanà* per i nostri desideri. La ricompensa dell'esecuzione di una *Tikùn*, con la giusta *Kavanà*, è la soddisfazione dell'ultimo, il più grande di tutti i desideri: il desiderio di spiritualità, del Creatore.

Quando questo desiderio è soddisfatto, entriamo in contatto con il sistema che governa la realtà, partecipiamo alla sua creazione e, infine, ne prendiamo il controllo. In questo stato non percepiremo più la vita e la morte, ma scorreremo con gioia e senza sforzo in una corrente infinita di felicità e beatitudine, uniti al Creatore.

Riassumendo

I cinque livelli dei nostri desideri sono ripartiti in tre gruppi. Il primo gruppo corrisponde ai desideri animali (nutrirsi, riprodursi, avere una casa); il secondo ai desideri umani (denaro, rispetto, conoscenza); il terzo gruppo è il desiderio di Spiritualità (il "punto nel cuore").

Fintantoché esistevano solo i primi due gruppi, ci siamo accontentati di "addomesticare" i nostri desideri attraverso la routine o addirittura di sopprimerli del tutto. Ma quando apparve il "punto nel cuore", i primi due gruppi non erano più adeguati e abbiamo dovuto cercare un nuovo metodo. Fu in questo momento che riapparve la saggezza della Kabbalah, nascosta per millenni, nell'attesa dell'epoca in cui ne avremmo avuto bisogno.

La saggezza della Kabbalah è il metodo per la nostra *Tikùn* (correzione). Applicandola, possiamo cambiare la nostra *Kavanà* (intenzione) orientata ai soli fini personali (e quindi egoisti) e trasformarla fino al punto di poter gratificare la Natura, il Creatore. Solo così potremo definire come altruistica la nostra intenzione.

La crisi globale che conosciamo è in realtà una crisi dei desideri. Se ci servissimo della saggezza della Kabbalah per soddisfare l'ultimo e il più grande dei desideri (il desiderio di Spiritualità) i nostri problemi sarebbero automaticamente risolti, in quanto derivano dall'insoddisfazione spirituale che molti stanno sperimentando.

CAPITOLO 3

L'origine della Creazione

Ora che abbiamo riconosciuto quanto sia importante lo studio della saggezza della Kabbalah, è giunto il momento di conoscere le radici di questa saggezza. Benché la portata di questo libro non ci permetta uno studio esauriente dei Mondi Superiori, entro la fine di questo capitolo avremo basi sufficientemente solide per approfondire la nostra conoscenza.

Una parola sui disegni: i libri sulla Kabbalah sono sempre stati ricchi di disegni. Questi schemi aiutano a descrivere gli stati o le strutture spirituali. Fin dall'inizio, i Kabbalisti hanno usato i disegni come uno strumento per spiegare agli altri ciò che sperimentavano nel corso del loro cammino spirituale. Ciononostante, è molto importante ricordare che i disegni *non* rappresentano oggetti tangibili. Sono semplicemente immagini usate per spiegare stati *spirituali*, che riguardano la nostra intima relazione con il Creatore, la Natura.

I Mondi Spirituali

La Creazione è composta interamente dal desiderio di ricevere piacere. Questo desiderio si è evoluto in quattro fasi, l'ultima delle quali si chiama la "creatura" (Figura 1). Questo modello dell'evoluzione dei desideri è la base di tutto ciò che esiste.

La Figura 1 descrive le cinque fasi della Creazione della creatura. Se immaginassimo questo processo come un racconto, comprenderemmo meglio che i disegni descrivono stati spirituali ed emotivi e non luoghi o oggetti.

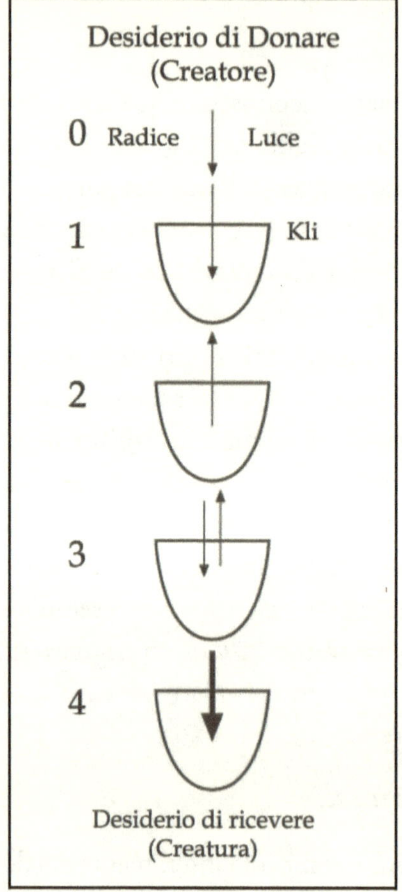

Figura 1 *Le quattro fasi dell'evoluzione del desiderio di ricevere e la loro Radice. Le frecce discendenti indicano la Luce del Creatore, le frecce ascendenti indicano il desiderio della creatura di onorare il Creatore.*

Ogni Creazione deve essere immaginata e pianificata. Parliamo della Creazione e dell'Idea stessa che l'ha generata. Quest'idea si chiama il "Pensiero della Creazione".

Nel primo capitolo, abbiamo detto che Abramo scoprì la saggezza della Kabbalah e che fu il primo a diffonderla. Scoprì che l'universo "ubbidisce" alla forza dell'amore e del Dono Assoluto. Quando ebbe compreso che ciascuna vita fu creata da questa forza, egli la chiamò "il Creatore". Di conseguenza, nella Kabbalah, il termine "Natura" è sinonimo della parola "Creatore".

Abramo scoprì anche che la volontà del Creatore è quella di farci un dono particolarmente speciale: divenire come Lui. Egli è il livello più perfetto, possente e onnisciente che possa esistere; e visto che è una forza d'amore, Egli vuol donarci il meglio: Se stesso.

Osservando la Figura 1 possiamo vedere che il Pensiero della Creazione è in realtà il desiderio di donare piacere (la "Luce") alle creature. Questa è anche la Radice della Creazione, dove tutto ha avuto inizio.

I Kabbalisti si servono della parola *Kli* (vaso, recipiente) per descrivere il desiderio di ricevere il piacere (la Luce). Ora ci rendiamo conto perché i Kabbalisti abbiano chiamato questa saggezza "la saggezza della Kabbalah" (la saggezza del ricevere).

Esiste una buona ragione perché i Kabbalisti hanno chiamato il piacere con il nome di "Luce". Quando il *Kli* (una creatura, una persona) percepisce il Creatore, prova un'esperienza spirituale di una grande saggezza, come se qualcosa fosse sorta in noi e ci avesse finalmente messo in grado di vedere la Luce. Proprio in quel momento comprendiamo che la saggezza rivelatasi è sempre esistita, benché fosse fino a quel momento rimasta nascosta. È come se l'oscurità della notte si fosse trasformata improvvisamente nella luce del giorno e l'invisibile fosse diventato visibile. Poiché questa Luce è portatrice di conoscenza, i Kabbalisti l'hanno chiamata la "Luce della Saggezza" e il metodo per riceverla è, appunto, "la saggezza della Kabbalah".

Le quattro fasi fondamentali

Torniamo ora al nostro racconto sulla Creazione. Per mettere in pratica il desiderio di dare piacere, il Creatore ha concepito una Creazione che desideri ricevere il piacere d'essere identica al Creatore. Se siete genitori, sapete cosa significa. Non ci sono parole più lusinghiere per un padre che sentirsi dire: "Tu e tuo figlio vi somigliate come due gocce d'acqua!".

Come stavamo dicendo, il Pensiero della Creazione (donare piacere alle proprie creature) è la Radice della Creazione stessa. Per questo motivo, il Pensiero della Creazione viene denominato "Fase Radice" o "Fase Zero"; il desiderio di ricevere piacere è denominato "Prima Fase".

Una finestra sulla Kabbalah

La Fase Zero è rappresentata da una freccia discendente. Ogni freccia rivolta verso il basso rappresenta la Luce che il Creatore emana verso la creatura. Al contrario, una freccia ascendente non significa che la creatura dia Luce al Creatore, ma che essa desidera a sua volta donare al Creatore. Cosa accade quando due frecce puntano in due direzioni opposte? Proseguite nella lettura e lo scoprirete molto presto.

I Kabbalisti identificano il Creatore anche come il "Desiderio di donare" e la creatura come il "desiderio di ricevere piacere" o, semplicemente, il "desiderio di ricevere". In seguito affronteremo l'argomento della percezione del Creatore, ma, giunti a questo punto, è molto importante sapere che i Kabbalisti ci parlano sempre di ciò che *essi* percepiscono. Non ci dicono che il Creatore ha un desiderio di donare. Ci dicono invece che *essi percepiscono* che il Creatore ha un desiderio di donare, perciò essi Lo chiamano il "Desiderio di donare". E poiché hanno scoperto anche in sé stessi il desiderio di ricevere il piacere che il Creatore vuole donarci, chiamano sé stessi il "desiderio di ricevere".

Quindi, il desiderio di ricevere è la prima Creazione, la Radice di ogni singola creatura. Quando la Creazione, il desiderio di ricevere, diventa consapevole che il piacere proviene da qualcuno, sente che il vero piacere risiede nel donare e non nel ricevere. Ne risulta che il desiderio di ricevere inizia a voler donare (la freccia ascendente del secondo *Kli* nella figura). Ha inizio una nuova fase, la Seconda Fase.

Una finestra sulla Kabbalah

Nella Kabbalah, l'azione di Donare è considerata come l'elemento maschile, mentre l'azione di ricevere come l'elemento femminile. In ciascun grado, esistono stati nei quali si agisce sia come "maschile", sia come "femminile"; di conseguenza, ci riferiamo a volte a un certo grado in forma maschile e a volte in forma femminile. Le due uniche eccezioni a questa regola sono il Creatore, che è sempre maschile, e la Creazione, che è sempre femminile, in quanto riceve da Lui.

Esaminiamo ora cosa distingue questa nuova fase. Se osserviamo la Figura 1, vediamo che il *Kli* non cambia da una fase all'altra. Questo significa che il desiderio di ricevere continua a rimanere attivo. Poiché il desiderio di ricevere è stato concepito dal Pensiero della Creazione, è eterno e immutabile.

Tuttavia, durante la Seconda Fase, il desiderio di ricevere intende ricevere piacere dal *donare* e non dal ricevere e questo è un cambiamento fondamentale. La grande differenza è che la Seconda Fase ha bisogno di qualcuno a cui donare. In altre parole, la Seconda Fase prevede necessariamente l'attivazione di una relazione positiva con qualcun altro o qualcos'altro.

La Seconda Fase, che ci costringe a donare nonostante il nostro desiderio intrinseco di ricevere, è ciò che rende possibile la vita. Senza di essa, i genitori non accudirebbero i figli e ogni relazione sociale diverrebbe impossibile. Per esempio, per il proprietario di un ristorante il più grande desiderio è il guadagno, ma la realtà è che dà da mangiare a persone per lo più sconosciute, nei confronti delle quali, non nutre interessi a lungo termine. Lo stesso vale per i banchieri, i taxisti e chiunque altro.

Possiamo vedere come la legge dalla Natura sia una legge di altruismo e non di ricezione, come nella Prima Fase. La Creazione è composta dunque da due desideri, quello di ricevere e quello di donare e tutto quello che vedremo in seguito deriva dalla reciprocità, cioè dalla "relazione" fra la Prima Fase e la Seconda Fase.

Come abbiamo appena potuto constatare, il desiderio di donare nella Seconda Fase costringe la Creazione a comunicare, a cercare qualcuno che abbia bisogno di ricevere. Perciò, la Seconda Fase inizia a esaminare cosa può donare al Creatore. Dopo tutto a chi altri potrebbe donare?

Ma, quando la Seconda Fase tenta di donare, scopre che il Creatore è puro desiderio di donare e non ha alcun desiderio di ricevere. Fra l'altro, cosa potrebbe donare la creatura al Creatore?

Inoltre, la Seconda Fase scopre che, nella Prima Fase, il suo desiderio più vero è quello di ricevere. Si accorge così che alle sue radici vi è un desiderio di ricevere piaceri e che non ha il benché minimo desiderio di donare. Ma, e qui sta il nucleo del ragionamento, poiché il Creatore vuole solo donare, il desiderio di ricevere della creatura è precisamente quello che essa *può* donare a sua volta al Creatore.

Tutto ciò può confonderci, ma se pensiamo al piacere provato da una madre nel nutrire il proprio bambino, comprenderemo che il bambino dà piacere alla madre semplicemente ricevendo il suo latte.

Pertanto, nella Terza Fase, la creatura, ovvero il desiderio di ricevere, *sceglie* di ricevere, e, così facendo, dona alla Fase Radice, al Creatore. Ora abbiamo un ciclo completo, dove entrambe le parti si comportano da donatori: la Fase Zero, il Creatore, dona alla creatura, che è la Prima Fase, e a sua volta la creatura, dopo aver attraversato la Prima, la Seconda e la Terza Fase, dona a sua volta al Creatore, ricevendo da Lui.

Nella Figura 1, la freccia discendente nella Terza Fase indica che il suo atto è la ricezione, come nella Prima Fase, ma la freccia ascendente indica che la sua *intenzione* è quella di dare, come nella Seconda Fase. Ancora una volta, entrambe le azioni si servono esattamente dello stesso desiderio di ricevere delle Fasi Uno e Due. Il cambiamento proviene dall'intenzione con la quale la Terza Fase riceve: nella Prima Fase riceve senza riflettere, mentre nella Terza Fase riceve in vista del piacere che dà al Creatore.

Come abbiamo detto, le nostre intenzioni egoistiche sono la sola e unica causa di tutti i problemi del mondo. Anche qui, nella radice della Creazione, l'intenzione è molto più importante dell'azione stessa. Infatti, Yehudà Ashlag disse metaforicamente che la Terza Fase è per il dieci per cento ricevere e per il novanta per cento donare.

A questo punto sembra che il ciclo sia completo: il Creatore è riuscito a rendere la creatura identica a Lui: un Donatore. Tanto più che la creatura desidera donare, poiché ne gioisce il Creatore stesso. Ma questo completa il Pensiero della Creazione?

Non proprio. In un certo senso, possiamo dire che la Creazione può seguire i passi del Creatore e parlare il Suo linguaggio, anche da sola, ma non può pensare i Suoi pensieri. L'atto di ricevere (nella Prima Fase) e la consapevolezza che il solo desiderio del Creatore è quello di Donare (nella Seconda Fase) fanno sì che la creatura *desideri* essere nella situazione del Creatore, che è la Terza Fase. Ma divenire un Donatore, come il Creatore, non significa che la creatura abbia anche raggiunto il Suo stesso stato, adempiendo al Pensiero della Creazione.

Essere nello stato del Creatore significa che la creatura non solo diverrà donatrice, ma condividerà il *pensiero* del Donatore, il *Pensiero della Creazione*. Giunta a questo stato, la creatura comprenderà *perché* sia stato dato avvio al ciclo Creatore/creatura e perché il Creatore abbia concepito la Creazione.

Chiaramente, il desiderio di comprendere il Pensiero della Creazione è una fase interamente nuova. Possiamo paragonarla alla condizione di un bambino che desidera essere forte e saggio quanto i genitori. Sappiamo istintivamente che questo sarà possibile solamente quando il bambino crescerà e diverrà a sua volta genitore. Questo è il motivo che porta i genitori a dire ai figli: "Quando avrai un figlio, allora capirai".

Una finestra sulla Kabbalah

Uno dei termini più usati nella Kabbalah è *Sefiròt*, un termine che viene dalla parola ebraica *Sapir* (zaffiro); ciascuna *Sefirà* (singolare di *Sefiròt*) ha la sua propria Luce. Inoltre, ciascuna delle quattro Fasi porta il nome di una o più Sefirà. La Fase Zero viene denominata *Ketèr*, la Prima Fase *Hochmà*, la Seconda Fase *Binà*, la Terza Fase *Zeir Anpìn* e la Quarta Fase *Malkhùt*.

In realtà esistono dieci *Sefiròt* poiché *Zeir Anpìn* si compone di sei *Sefiròt*: *Hesèd, Gevurà, Tifferèt, Netzàh, Hod,* e *Yesòd*. Pertanto, l'elenco completo delle *Sefiròt* è: *Ketèr, Hochmà, Binà, Hesèd, Gevurà, Tifferèt, Neztsakh, Hod, Yesòd,* e *Malkhùt*.

Secondo la Kabbalah, la comprensione del Pensiero della Creazione (il livello più profondo di conoscenza) si chiama "perfezionamento". Questo è ciò a cui aspira il desiderio di ricevere nell'ultima fase, la Quarta Fase.

Il desiderio di acquisire il Pensiero della Creazione è la forza più potente della Creazione. Essa sta alla base di tutto il processo dell'evoluzione. Anche se non ne siamo consapevoli, il livello estremo di conoscenza al quale noi tutti aspiriamo è quello di comprendere le ragioni dell'opera del Creatore. Ed è la stessa motivazione che spinse i Kabbalisti a scoprire i segreti della Creazione, migliaia di anni fa. Finché non ne saremo consapevoli non raggiungeremo mai la vera serenità di spirito.

La ricerca del Pensiero della Creazione

Benché il Creatore desideri che noi riceviamo il piacere di diventare identici a Lui, Egli non ci ha dato questo desiderio sin dall'inizio. Tutto ciò che ha dato alla creatura (l'anima unita di *Adam ha Rishon*) è una profonda aspirazione al piacere più elevato. Ma, osservando la sequenza delle Fasi, possiamo notare che il Creatore non ha infuso nella creatura il desiderio di essere come Lui; questo desiderio si è evoluto nella creatura fase dopo fase.

Nella Terza Fase, la creatura ha già ricevuto tutto e desidera dare a sua volta al Creatore. La sequenza potrebbe fermarsi anche qui, dato che la creatura era giunta a fare esattamente ciò che il Creatore faceva: Donare. In questo senso, il Creatore e la creatura erano ora identici.

Comunque, la creatura non si accontenta di Donare, essa vuole capire che cosa dà il piacere, perché per creare la realtà si è resa necessaria la forza del "Dono" e quale Saggezza il Donatore ottiene nel Donare. In altre parole, la creatura vuole conoscere il Pensiero della Creazione. Questa nuova aspirazione, però, non gli è stata "instillata" dal Creatore.

A questo punto, nella sua ricerca del Pensiero della Creazione, la creatura si distingue e si separa dal Creatore. Possiamo cercare di capire questo stato con un esempio: se io aspiro ad assomigliare a qualcun altro, ciò implica necessariamente che sono consapevole dell'esistenza di qualcuno, oltre me, e che questo qualcuno possiede qualcosa che io desidero o che è qualcosa che desidererei essere.

In altre parole, non comprendo solamente che esiste qualcun altro, oltre me, ma mi accorgo anche che questo qualcuno è altro da me. Ma non è solo differente da me, è migliore di me. Altrimenti, perché desidererei essere come Lui?

Proprio per questo, *Malkhùt*, la Quarta Fase, è molto differente dalle prime tre fasi, in quanto desidera ricevere un piacere molto particolare (per questo la freccia nella Figura 2 è più spessa): quello di essere identici al Creatore. Dal punto di vista del Creatore, il desiderio di *Malkhùt* completa il Pensiero della Creazione, il ciclo che Egli aveva concepito (Figura 2).

Purtroppo, non possiamo vedere le cose dal punto di vista del Creatore. Guardando dal basso, con il nostro recipiente spirituale in frantumi, il quadro che vediamo è ben lungi dall'essere perfetto. Affinché il *Kli* (una persona), completamente opposto alla Luce, divenga come la Luce, deve usare il proprio desiderio di ricevere con l'*intenzione* di donare, gratuitamente. In questo modo, non si concentrerà più su se stesso e sui propri piaceri, ma sulla gioia di Donare al Creatore. In questo modo, anche il *Kli* diviene un donatore.

In realtà, già nella Terza Fase la creatura riceve per donare al Creatore. Considerando le azioni del Creatore, la Terza Fase ha già adempiuto la sua missione di diventare come il Creatore. Il Creatore dona senza riserve e la Terza Fase riceve senza riserve; così, da questo punto di vista, essi sono identici.

Tuttavia, il piacere più elevato non consiste nel conoscere le azioni del Creatore e imitarle. Il piacere più elevato consiste nel conoscere *perché* Egli agisce in questo modo e acquisire i Suoi stessi *pensieri*. E questa, la parte più elevata della Creazione (il Pensiero della Creazione) non è stata donata alla creatura; è quanto la creatura (Quarta Fase) deve conquistare da sé.

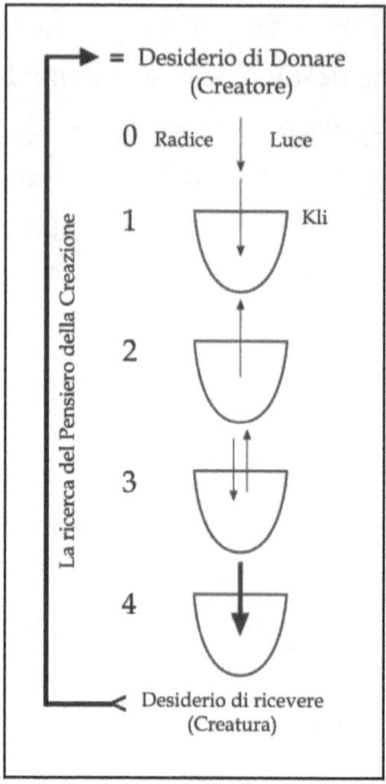

Figura 2 *La freccia che da Malkhùt va fino al Creatore indica il desiderio di Malkhùt di divenire come il Creatore.*

Si tratta di un legame straordinario. Da un lato sembra che noi (la creatura) e il Creatore, ci troviamo agli antipodi, poiché Lui dona e noi riceviamo. Ma in realtà, il Suo più grande desiderio è quello di vedere noi divenire come Lui e il nostro più grande desiderio è quello di diventare come Lui. Allo stesso modo, ogni bambino vorrebbe diventare come i propri genitori e ciascun genitore vorrebbe naturalmente che i propri figli ottenessero anche quello che lui non è riuscito a realizzare.

Di conseguenza, il Creatore e noi perseguiamo lo stesso scopo. La comprensione di questo concetto renderà le nostre vite ben differenti. Invece di essere confusi e disorientati come lo siamo ora, noi e il Creatore potremmo procedere insieme, come era previsto sin dall'inizio della Creazione.

Una finestra sulla Kabbalah

I Kabbalisti utilizzano numerose espressioni per descrivere il "desiderio di donare": Creatore, Luce, Colui che dona, Pensiero della Creazione, Fase Zero, Radice, Fase Radice, *Ketèr*, *Binà* e tante altre ancora.

Allo stesso modo usano molte espressioni per descrivere il "desiderio di ricevere": Creazione, creatura, *Kli*, riceventi, Prima Fase, *Hochmà*, e *Malkhùt* e altre ancora. Queste espressioni riflettono le sfumature dei due attributi: il dono e la ricezione. Ricordando questo, sarà impossibile confondere i nomi.

Per diventare come il Creatore, ovvero un donatore, il *Kli* deve fare due cose: prima di tutto, smettere completamente di ricevere, un'azione che prende il nome di *Tzimtzùm* (restrizione). Sbarrare completamente il passo alla Luce (Figura 3) non permettendole in nessun caso di penetrare nel *Kli*. Per esempio, è più semplice non mangiare affatto qualcosa di gustoso, ma poco sano, piuttosto che mangiare poco e lasciare il cibo nel piatto. Per questo praticare un *Tzimtzùm* è il primo e il più facile passo per diventare come il Creatore.

Il secondo passo del *Malkhùt* consiste nel mettere in moto un meccanismo che esamina la Luce (il piacere) e decide se intende riceverla o meno e in quale misura. Questo meccanismo è chiamato *Massàkh* (schermo). La condizione nella quale il *Massàkh* determina quanto intende ricevere si chiama "desiderio di donare". In altri termini, il *Kli* accetta solo quello che può ricevere, con lo scopo di onorare il Creatore. La Luce che entra nel *Kli* è chiamata "Luce interiore", mentre la Luce che resta fuori è la "Luce Circostante" (Figura 4).

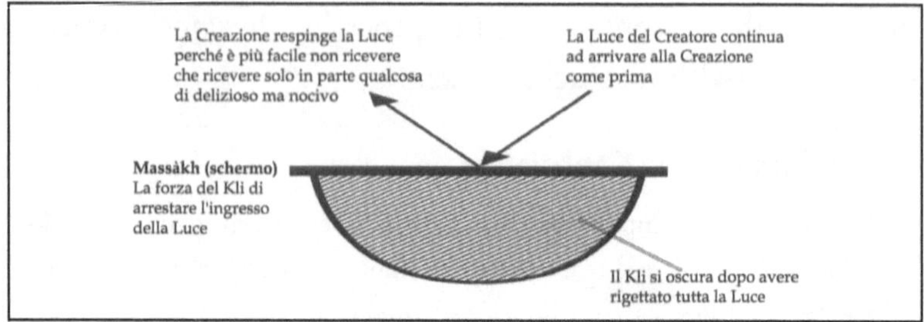

Figura 3 *Il Massàkh impedisce alla Luce del Creatore (freccia discendente) di penetrare poiché la creatura non vuole essere un ricevente, ma un Donatore, come il Creatore. Se essa ricevesse la Luce, sarebbe meno simile al Creatore; la creatura preferisce dunque non ricevere la Luce, ma restare nell'oscurità.*

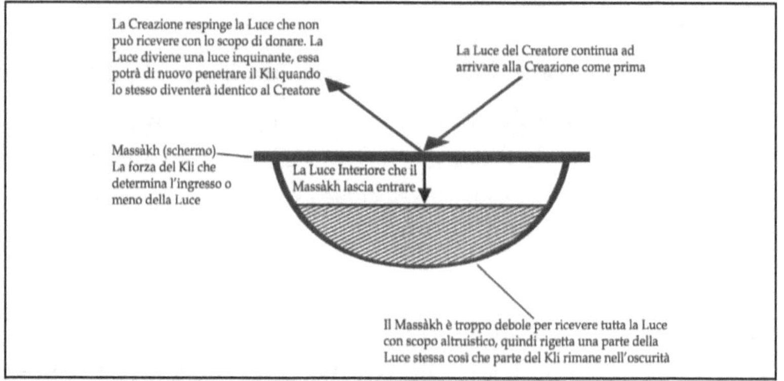

Figura 4 *Il Massàkh separa la Luce in due parti: la Luce Interiore (la parte di Luce che la creatura può ricevere per onorare il Creatore) e la Luce Circostante (la parte della Luce che non può ricevere con questo scopo).*

Al termine del processo di correzione, il *Kli* riceverà tutta la Luce del Creatore e sarà unito a Lui. Questo conseguirà lo scopo della Creazione. Una volta raggiunto questo stato, lo percepiremo sia come individui, sia in quanto accomunati in una sola e unica società, perché in realtà *un Kli completo non è formato solamente dai desideri di una persona, ma dei desideri dell'intera umanità*. Completando quest'ultima correzione, diventeremo identici al Creatore, la Quarta Fase sarà compiuta e la Creazione sarà ultimata da parte nostra, come del resto anche dalla Sua.

La via

Per portare avanti la missione di divenire identici al Creatore, la prima cosa della quale la creatura deve preoccuparsi è quella di trovare un ambiente adeguato, in grado di farla evolvere e divenire come il Creatore. Questo ambiente si chiama "mondi".

Durante la Quarta Fase, la creatura è stata separata in due parti: una parte superiore e una parte inferiore (Figura 5). La parte superiore rappresenta i Mondi Superiori (Spirituali), mentre quella inferiore, la creatura, si compone dei desideri o del *Mass*àkh, che non permette alla Luce di penetrare.

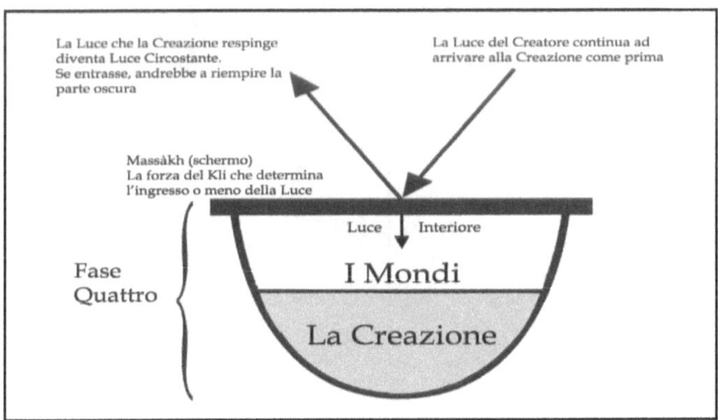

Figura 5 *Nella fase quattro, la Creazione (Malkhùt) è divisa in due: la zona bianca indica i desideri che possono funzionare nella prospettiva di donare e quindi ricevere la Luce. Sono i Mondi Superiori. La zona grigia indica i desideri che non possono dare senza riserva e, di conseguenza, non ricevono la Luce. Essi costituiscono la Creazione.*

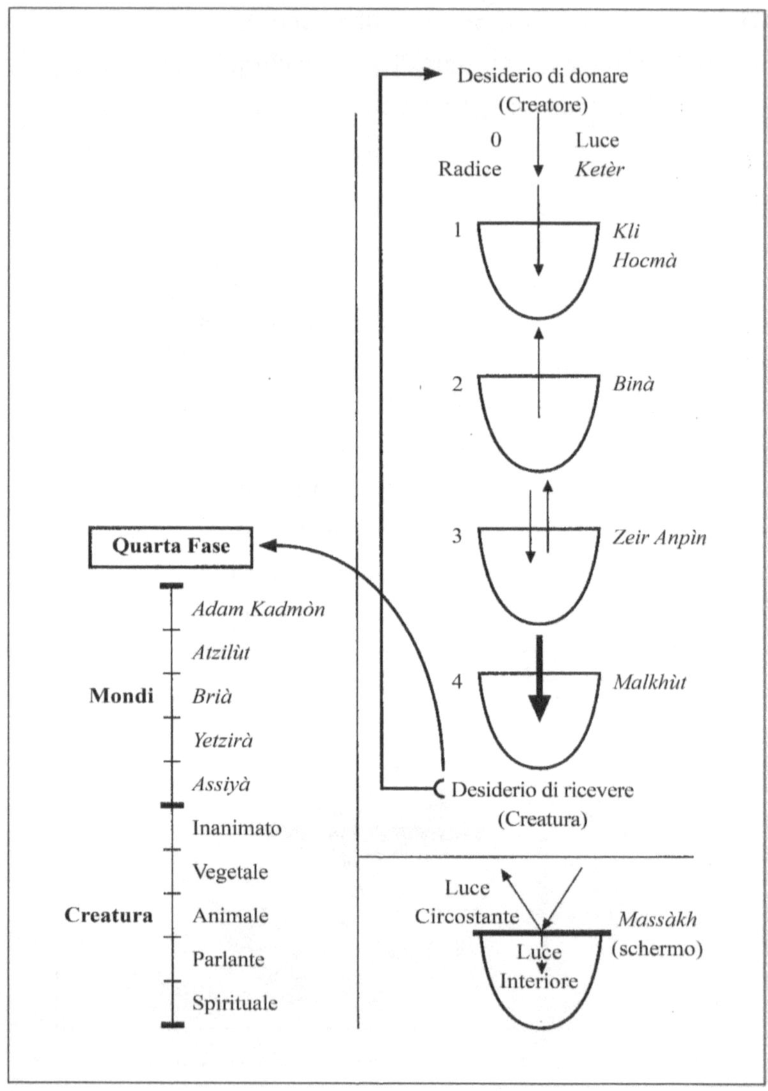

Figura 6 *Il lato sinistro della figura si concentra sulla struttura interna di Malkhùt, mostrando che è la fonte di tutti i Mondi Spirituali come pure del mondo fisico.*

Sappiamo già che la Creazione è costituita da una sola cosa: il desiderio di ricevere piacere. Perciò, i termini "superiore" e "inferiore" non fanno riferimento a luoghi fisici, ma ai desideri che *noi* qualifichiamo come superiori o inferiori. In altre parole, i desideri superiori sono quelli che apprezziamo di più dei desideri che consideriamo inferiori. Nella Quarta Fase, ogni desiderio che può essere utilizzato per donare al Creatore appartiene alla parte superiore e ogni desiderio che non può essere utilizzato con tale finalità appartiene alla parte inferiore.

Poiché esistono cinque livelli del desiderio (inanimato, vegetale, animale, parlante e spirituale) deve essere analizzato ognuno di questi livelli. I desideri utilizzabili costituiscono i mondi e quelli inutilizzabili costituiscono la creatura.

Precedentemente, in questo capitolo, abbiamo detto che il modello delle Quattro Fasi è alla base di tutto ciò che esiste. Pertanto i mondi evolvono secondo lo stesso modello che ha operato la Creazione delle fasi. Il lato sinistro della Figura 4 analizza il contenuto della Quarta Fase, chiarendo la sua suddivisione nelle due parti superiore e inferiore: la parte superiore contiene i mondi e la parte inferiore contiene la creatura.

Parliamo ora un po' meglio della Quarta Fase e di come essa utilizzi il *Massàkh*. Dopo tutto, la Quarta Fase siamo noi stessi e se ne comprendiamo il funzionamento, possiamo imparare qualcosa su noi stessi.

La Quarta Fase, *Malkhùt*, non nasce dal nulla. È un'evoluzione della Terza Fase che, a sua volta, è un'evoluzione della Seconda Fase e così via. Anche Napoleone Bonaparte non è nato imperatore.

Egli attraversò gli stadi dell'infanzia, dell'adolescenza, dell'età adulta, fino a diventare imperatore. Ma le fasi preliminari non si sono dissolte nel nulla. Senza di esse, Napoleone non sarebbe mai divenuto imperatore. La ragione per la quale non possiamo percepire le fasi preliminari, è che le fasi più evolute dominano ed eclissano quelle meno evolute. Tuttavia, il livello più elevato non solo percepisce la loro esistenza al proprio interno, ma collabora con questi livelli inferiori.

Ecco perché talvolta ci sentiamo come bambini, specialmente quando veniamo toccati in aspetti della nostra personalità che non sono sufficientemente maturati. Accade semplicemente che tali punti, non essendo ancora coperti da un livello superiore, ci fanno sentire indifesi, come bambini.

Tuttavia, questa struttura a livelli è proprio quella che ci permette di diventare futuri genitori. Nell'educazione dei nostri figli coniughiamo la nostra fase presente con le fasi precedenti: comprendiamo le situazioni sperimentate dai nostri figli perché abbiamo vissuto esperienze analoghe. Ci relazioniamo con queste situazioni sulla base delle conoscenze e dell'esperienza che abbiamo accumulato nel corso degli anni.

Il motivo per cui siamo strutturati in questo modo è che il *Malkhùt* (creatura, Quarta Fase, noi stessi) è costituito esattamente allo stesso modo. Tutte le fasi precedenti del *Malkhùt* permangono al suo interno e aiutano a sostenerne la struttura.

Nel tentativo di assomigliare il più possibile al Creatore, *Malkhùt* analizza ogni livello di desiderio che percepisce in se stesso e a ciascun livello suddivide i desideri fra quelli utilizzabili e quelli inutilizzabili. Ma i desideri utilizzabili non saranno utilizzati solo per ricevere, con lo scopo di onorare il Creatore; aiuteranno anche il Creatore a portare a compimento il Suo scopo: di rendere il *Malkhùt* identico a Lui.

Qualche pagina addietro, abbiamo detto che, per conseguire lo scopo di divenire identici al Creatore, la creatura deve creare un ambiente favorevole. Questo è esattamente lo scopo dei mondi (i desideri utilizzabili). Essi "mostrano" ai desideri inutilizzabili come ricevere per donare al Creatore e così facendo, essi aiutano i desideri inutilizzabili a correggersi.

Possiamo immaginarci la relazione tra i mondi e la creatura come il comportamento di un gruppo di falegnami nei confronti di un operaio che non conosce il mestiere. I mondi insegnano alla creatura a svolgere ogni singolo compito, esattamente come i falegnami insegnano all'operaio come servirsi degli attrezzi. Nel caso della Spiritualità, i mondi mostrano alla creatura ciò che il Creatore ha dato loro e come servirsene correttamente. Un po' alla volta, anche la creatura impara a impiegare correttamente i propri desideri e questo è il motivo per cui nel nostro mondo i desideri emergono gradualmente, dal più mite al più intenso.

I desideri utilizzabili creano i Mondi Superiori; quelli inutilizzabili la creatura e, più tardi, il nostro mondo (Figura 7). I desideri utilizzabili del livello della Fase Radice hanno creato il mondo di *Adam Kadmòn*; quelli inutilizzabili, invece, sono rimasti nell'oscurità (senza Luce), formando così il livello immobile della Creazione, essi vengono denominati "immobili".

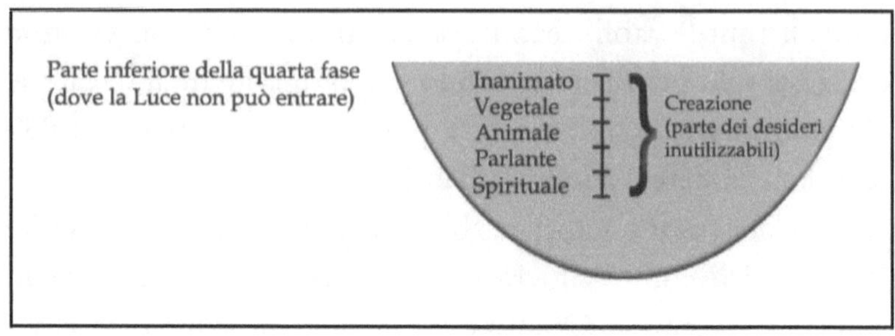

Figura 7 *Nella fase quattro, i desideri sono divisi in desideri utilizzabili e desideri inutilizzabili. I desideri utilizzabili formano i mondi Superiori e i desideri inutilizzabili formano la Creazione. Il ruolo dei Mondi Superiori è di "insegnare" alla Creazione a ricevere per Donare in assoluto.*

I desideri utilizzabili della Prima Fase hanno creato il mondo di *Atzilùt* e quelli inutilizzabili sono rimasti nell'oscurità costituendo il livello "vegetale" della Creazione. I desideri utilizzabili della Seconda Fase hanno creato il mondo di *Brià* e quelli inutilizzabili invece il livello "animale" della Creazione. I desideri utilizzabili della Terza Fase hanno creato il mondo di *Yetzirà* e quelli inutilizzabili sono andati a costituire il livello di "essere parlante" della Creazione. Concludendo, i desideri utilizzabili della Quarta Fase hanno creato il mondo di *Assiyà* e quelli inutilizzabili sono rimasti nell'oscurità costituendo il livello "spirituale" della Creazione.

Notiamo che i desideri più potenti, i più egoisti e quelli a priori più lontani dal Creatore sono chiamati "spirituali". Vale a dire che, come nella Quarta Fase, il desiderio più intenso aspira a divenire come il Creatore. Dunque, è solo all'ultimo livello, in apparenza il più oscuro e il più egoista, che si sviluppa il desiderio di assomigliare al Creatore, al fine di raggiungere la Spiritualità.

Così la creatura è la sola parte che ha ancora bisogno di essere "raffinata" per poter ricevere la Luce.

Una finestra sulla Kabbalah

Nonostante tutto ciò che abbiamo appreso finora, non sappiamo ancora quale dei cinque mondi di cui abbiamo parlato corrisponda al nostro mondo. In realtà, nessuno di essi lo è. Ricordiamoci sempre che non esistono luoghi fisici nella Spiritualità, ma solamente stati. Più elevato è un mondo e più altruistico è lo stato che esso rappresenta. Il motivo per cui il nostro mondo non è menzionato in nessun modo, è che i Mondi Spirituali sono altruisti, mentre il nostro mondo è come noi, egoista. Poiché l'egoismo è l'opposto dell'altruismo, il nostro mondo è separato dal sistema dei Mondi Spirituali. Questo è il motivo per il quale i Kabbalisti non vi fanno alcun accenno nelle strutture descritte nei loro libri.

Inoltre, i mondi in realtà non esistono, a meno che non li creiamo, diventando, così, come il Creatore. Il motivo per cui sono stati trattati nel passato è che i Kabbalisti che dal nostro mondo si sono elevati ai Mondi Spirituali ci hanno detto di averli trovati. Se anche noi vogliamo trovare i Mondi Spirituali, dobbiamo ricreare questi mondi in noi stessi, divenendo altruisti.

Ora sappiamo perché, se correggiamo l'umanità, ogni altra cosa si correggerà allo stesso tempo. Parliamo quindi di noi stessi e di cosa ci è accaduto.

Adam ha Rishòn: l'anima complessiva

La Radice attuale di ciascuna cosa che si produce qui nel nostro mondo si chiama "l'anima complessiva" o, come la definiscono i Kabbalisti, *Adam ha-Rishòn* (il Primo Adamo).

Adam ha-Rishòn è una struttura di desideri che emerge una volta terminata la formazione dei Mondi Spirituali.

Appena i cinque mondi (*Adam Kadmòn, Atzilùt, Brià, Yetsirà* e *Assiyà*) ebbero compiuto il loro sviluppo nella parte superiore della Quarta Fase, giunse il tempo di sviluppare la parte inferiore. *Adam ha-Rishòn*, che noi conosciamo con il nome di "Adamo", è costituito dai desideri inutilizzabili che non ricevettero la Luce per donarla al Creatore quando furono creati. Come risultato, pur essendo parte dell'anima di Adamo, tutti noi abbiamo perso il senso di unità e di appartenenza con cui eravamo stati creati. Dobbiamo comprendere dunque come lavora il sistema spirituale.

Se guardiamo la Figura 6, possiamo vedere come Adamo sia il gradino successivo nello sviluppo della Creazione ed è rappresentato dalla parte grigia della figura. I desideri inutilizzabili sono la parte che forma il livello immobile, il livello vegetale, il livello animale, l'essere parlante e il livello spirituale. A questo punto, essi devono essere affrontati uno dopo l'altro per essere corretti, vale a dire trasformati per divenire utilizzabili.

Per arrivare a ciò, questi desideri hanno bisogno dell'aiuto dei mondi, dei desideri utilizzabili. Perciò *Adam ha-Rishòn* si sviluppa secondo gli stessi livelli dei mondi e le quattro fasi fondamentali.

La grande caduta

Con Adamo le cose non sono così semplici come con i Mondi Superiori. Per di più, Adamo non è cosciente del fatto che i suoi desideri sono egoisti e che hanno solo fini personali; questo è il motivo per cui, sin dall'inizio, egli non fu in grado di ricevere la Luce. Quando egli seguì l'esempio dei Mondi Superiori e tentò di ricevere la Luce, il piacere della Luce fu irresistibile e volle riceverLa solo per sé.

Occorre ricordare che quando la Quarta Fase realizzò che voleva divenire come il Creatore, la prima cosa che fece fu di astenersi dal ricevere la Luce per il proprio piacere, con un atto chiamato "*Tzimtzùm*" (restrizione). Malgrado lo *Tzimtzùm*, Adamo volle ricevere la Luce, tentando in questo modo di revocare la decisione presa. Il risultato fu che lo *Tzimtzùm* venne rinforzato e il *Massàkh* respinse immediatamente tutta la Luce che Adamo riceveva.

Il rigetto della Luce nel caso di Adamo è molto differente dallo *Tzimtzùm* originale. Quando lo *Tzimtzùm* si produsse per la prima volta, si trattò di un progresso dello stato di ricezione: ora la creatura prendeva in considerazione il Donatore, il Creatore. Nel caso di Adamo, invece, il piacere ha "mascherato" la sua consapevolezza del Creatore, così ha ricevuto la Luce solo per se stesso, senza pensare a donarsi al Creatore. Facendo questo Adamo aumentò la sua disuguaglianza con il Creatore (la forza d'amore e del dono) rispetto all'inizio, quando ancora non aveva ricevuto la Luce. Di conseguenza il tentativo di Adamo di ricevere la Luce per se stesso è considerato come un peccato: questo è ciò che lo ha *allontanato* dallo scopo della Creazione.

Il termine cabbalistico che definisce il "peccato" è "Frammentazione". *Adam ha-Rishòn* (l'anima complessiva) fu dunque frammentato. I Kabbalisti spiegano che l'anima di Adamo si frammentò in 600.000 piccole parti. Ciascun frammento è il risultato di un atto egoistico di Adamo. Ogni elemento egoista è distaccato dal Creatore poiché Gli è opposto.

È così che il nostro mondo fu creato: i desideri egoistici dominano e il Creatore è occultato alla nostra percezione a causa del nostro stesso egoismo.

Adamo non è nato opposto al Creatore, egli scopre il proprio egoismo quando tenta di utilizzare i propri desideri per ricevere la Luce. La sua intenzione è quella di ricevere per donare, esattamente come i mondi gli hanno mostrato, ma nel suo fallimento apprende di essere differente da questi mondi, di essere essenzialmente egoista e capisce anche che deve correggersi prima di poter ricevere, proprio come accade nei Mondi Superiori.

In realtà, la frammentazione dell'anima di Adamo fu un evento positivo, grazie al quale il grande desiderio egoistico fu diviso in piccoli desideri, più facili da correggere. Ciascuno di questi desideri esiste in noi. Quando ciascuno avrà corretto la propria parte dell'anima di Adamo, allora tutta l'umanità sarà corretta, trasformandosi così in un'anima complessiva che riceve con lo scopo di Donare senza riserve e che, di conseguenza, si rende simile al Creatore e si diletta così di tutta la Luce che, nel Pensiero della Creazione, Egli aveva programmato di darci.

Riassumendo

Il Pensiero della Creazione è quello di donare piacere rendendo la creatura simile al suo Creatore. Questo Pensiero (la Luce) creò quindi un desiderio di ricevere piacere.

In seguito, il desiderio di ricevere comincia a voler donare, poiché donare lo rende più simile al Creatore e ciò è naturalmente più desiderabile. A questo punto, il desiderio di ricevere decide di ricevere, in quanto questo è il modo nel quale può donare piacere al Creatore. Successivamente, il desiderio di ricevere desidera di conoscere il Pensiero che l'ha creato: esiste infatti un piacere più grande se non quello di conoscere tutto? Infine, il desiderio di ricevere (la creatura) comincia a ricevere con l'intenzione di donare, poiché donare lo rende simile al Creatore e gli permette di acquisire i Suoi stessi pensieri.

Questi desideri che ricevono per poter donare creano i mondi, che sono considerati come la parte superiore della Creazione, mentre i desideri che non si possono utilizzare per donare, rappresentano l'anima complessiva dell'*Adam ha Rishòn*. Questi desideri sono considerati la parte inferiore della Creazione.

I mondi e l'anima sono strutturati in maniera analoga, ma con una differente intensità di desideri. È per questo che i mondi possono mostrare all'anima come operare per Donare e aiutare così *Adam ha Rishòn* a correggersi.

In breve, ogni desiderio viene corretto in un mondo ben preciso: il livello immobile si corregge nel mondo di *Adam Kadmòn*; il livello vegetale nel mondo di *Atzilùt*; il livello animale nel mondo di *Brià*; il livello parlante nel mondo di *Yetzirà*; il desiderio della Spiritualità potrà correggersi solo nel mondo dell'*Assiyà*, la parte inferiore del quale rappresenta il nostro universo fisico. Questo ci conduce all'argomento del nostro prossimo capitolo.

CAPITOLO 4

Il nostro universo

All'inizio del capitolo precedente abbiamo detto che, prima della Creazione di ogni cosa, esisteva il Pensiero della Creazione. Questo Pensiero ha creato le quattro fasi del desiderio di ricevere, le quali hanno creato i mondi, da *Adam Kadmòn* fino ad *Assiyà*, i quali a loro volta hanno creato l'anima di *Adam ha Rishòn*, che si è infine frammentata nella miriade di anime che abbiamo oggi.

È importante ricordare questi stadi della Creazione, perché ci rammentano che le cose si sono evolute dall'alto verso il basso, dallo spirituale al materiale e non viceversa. In pratica questo significa che il nostro mondo è stato creato e governato dai Mondi Spirituali.

Di più: non esiste il benché minimo evento nel nostro mondo che non si produca prima nei Mondi Spirituali. La sola differenza tra il nostro mondo e i Mondi Spirituali è che i fenomeni che avvengono nei Mondi Spirituali riflettono intenzioni altruistiche, mentre quelli del nostro mondo riflettono intenzioni egoistiche.

A causa di questa struttura "a cascata" dei mondi, il nostro mondo viene chiamato il "mondo delle conseguenze", poiché consegue dai processi e dagli avvenimenti spirituali. Tutto ciò che possiamo compiere qui non ha alcun effetto sui Mondi Spirituali. Pertanto, se vogliamo cambiare qualcosa nel nostro mondo, dobbiamo prima accedere ai Mondi Spirituali, la "sala di controllo" del nostro mondo, e da lì influenzarli.

La piramide

Esattamente come nei Mondi Spirituali, tutto ciò che esiste nel nostro mondo si sviluppa secondo le stesse cinque fasi, da zero a quattro. Il nostro mondo è costruito come una piramide alla cui base troviamo l'inizio della sua evoluzione. Poiché i desideri si suddividono in forti e deboli, questi ultimi, meno egoisti, formano la base della Creazione, l'inanimato (Figura 8); sopra di loro si trova il livello vegetale.

Nel nostro caso, il livello vegetale sfrutta quello inanimato poiché si alimenta con le sostanze minerali e l'acqua presenti in esso.

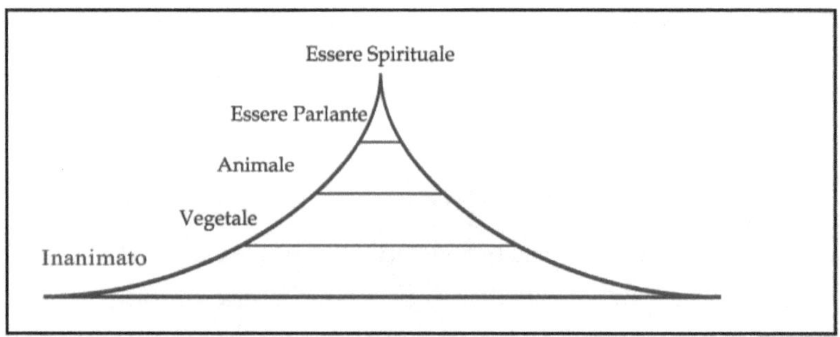

Figura 8 *La piramide della realtà è anche la piramide dei desideri. È ugualmente valida nei Mondi Spirituali e nel mondo fisico.*

La tappa seguente è il livello animale che si nutre essenzialmente di vegetali, "sfruttandone" le sostanze. Più in alto nella scala, si colloca il livello parlante (livello umano) che è insieme erbivoro e carnivoro e si alimenta anche di certi minerali.

Perciò, ogni livello inferiore è controllato da quelli superiori. Questo è il motivo per cui la correzione del mondo dipende interamente dalla correzione dell'ultimo e più elevato livello: quello spirituale.

Il grado spirituale, però, non è un livello che cambia nella sua manifestazione fisica. Si tratta piuttosto di un livello di sviluppo distinto, uno stato dove l'*anima* aspira a ritornare alle sue Radici nei Mondi Superiori, dove, un tempo, si trovava in contatto diretto con il Creatore.

È qui che risiede la particolarità del livello spirituale: malgrado sia il desiderio più possente ed egoista, è tuttavia il solo livello che ci permetterà realmente di riunirci al Creatore, alla forza altruista della vita. Questo è il motivo per cui il livello spirituale è presente in tutti noi. Da un lato è quello che ci dà la possibilità di sperimentare la nostra mediocrità; dall'altro è anche la chiave della trasformazione che ci porta dall'egoismo all'altruismo.

Lo scenario della vita

Nella sua *"Prefazione alla saggezza della Kabbalah"*, in una delle introduzioni del *"Sulàm"*, il commento al *Libro dello Zohar*, il Baal ha-Sulàm spiega la differenza che esiste fra la Spiritualità e la vita materiale. Egli dice: "Chi ha il desiderio di donare è spirituale come il Creatore, mentre chi vuole solo ricevere è materiale e quindi opposto al Creatore". Prima della frammentazione dell'anima comune di Adamo, nessuna aspirazione egoistica a ricevere esisteva ancora. Di fatto questa frammentazione segna la prima apparizione della realtà fisica.

Nel terzo capitolo abbiamo spiegato che tutta la Creazione si svolge in una catena di quattro fasi. Nulla sfugge a questa regola e il nostro mondo non fa eccezione.

Conseguentemente, la prima sostanza ad apparire sulla Terra è il minerale, la sostanza inanimata, essa rappresenta il livello più piccolo del desiderio.

Dopo l'inanimato appaiono i vegetali, poi gli animali, che rappresentano il livello animato dei desideri, e infine gli esseri umani, espressione fisica del grado parlante. L'ultimo desiderio ad apparire fu il desiderio spirituale per il Creatore. Sempre nel terzo capitolo, abbiamo già spiegato come quest'ultimo desiderio (l'altruismo) sia il più forte e l'unico che possa raggiungere il Creatore stesso.

È sottinteso che le cose non avvengono con la rapidità con cui le descriviamo. Innanzitutto sono apparsi i minerali, miliardi di tonnellate di minerali che progressivamente sono andati a formare le galassie, le stelle e i pianeti. Poi, perduto tra queste tonnellate di materia, è apparso un piccolo punto chiamato "pianeta Terra". Sulla Terra in seguito è apparso il livello vegetale. Naturalmente la vegetazione sulla Terra è ben inferiore, quantitativamente parlando, alla materia minerale e ancor di più se paragonata alla materia inanimata di tutto l'universo. Gli animali sono apparsi dopo i vegetali e solo in una piccola quantità in confronto a questi ultimi; infine, è comparso l'essere parlante, il meno numeroso rispetto a tutti gli altri.

Il livello spirituale è apparso solo "recentemente". Il fatto è che noi qui parliamo di ere geologiche, e l'uso della parola, risalente a qualche migliaio di anni fa, è da considerarsi "un'apparizione" relativamente recente.

> ## Una finestra sulla Kabbalah
>
> La dimensione intera della Creazione è insondabile. Guardando la piramide della Creazione (Figura 8) e considerando le proporzioni fra livelli adiacenti, cominciamo a comprendere che il desiderio di spiritualità è veramente recente.
>
> Se paragoniamo "da quanto tempo esiste l'universo" (circa quindici miliardi di anni) con un giorno di ventiquattro ore, è come se il desiderio di spiritualità fosse apparso solo 0,0288 secondi fa. Valutato su scala geologica, è come dire: ora.

D'altra parte, più il desiderio è elevato, più è raro e recente; ma il fatto che esista ancora un livello spirituale al di sopra del livello umano significa che non abbiamo ancora completato la nostra evoluzione. Lo sviluppo è ancora in corso e, poiché ci troviamo nell'ultimo livello apparso, pensiamo di essere giunti a un livello superiore. Siamo probabilmente in cima alla catena, ma non siamo ancora giunti alla fine, perché, come abbiamo detto, ci troviamo soltanto nell'ultimo livello apparso.

Il livello finale potrà utilizzare il nostro corpo come un ospite, ma si tratterà solo di un nuovo modo di pensare, di sentire e di vivere. In questa fase percepiremo una realtà diversa. Questa percezione, sempre crescente in noi, è denominata "il livello spirituale".

Nessun cambiamento fisico e nessuna nuova specie sono richiesti, ma soltanto una trasformazione della nostra percezione del mondo. Questo è il motivo per cui la prossima fase dell'evoluzione è così sfuggente, semplicemente perché è già in noi. Questa fase sarà sviluppata, con o senza la nostra consapevolezza.

Tuttavia, una presa di coscienza e una partecipazione attiva ci permetteranno di accelerare la sua apparizione e renderla, in qualche modo, anche gradevole. La saggezza della Kabbalah ci rivela come essere coscienti del livello spirituale presente in noi, partecipando attivamente e positivamente al suo sviluppo per il nostro bene. Questo è in fondo il motivo per il quale la Kabbalah è stata creata.

Come è in alto, così è in basso

Se tracciamo un parallelo fra le fasi terrestri e le Quattro Fasi Fondamentali della Luce, l'era inanimata corrisponde alla Fase Radice, l'era vegetale alla Prima Fase, l'era animale alla Seconda Fase, l'era parlante alla Terza Fase e l'era spirituale alla Quarta Fase.

L'incandescente e vulcanica giovinezza del pianeta Terra è durata numerosi miliardi di anni. Quando la superficie si raffreddò, è comparsa la vita vegetale, che regnò sul pianeta per molti milioni di anni. Ma, così come il livello vegetale nella piramide spirituale è molto più piccolo rispetto al livello inanimato, così il periodo fisico vegetale è stato più breve rispetto al periodo inanimato della Terra.

Conclusasi la fase vegetativa, arrivò il periodo animale. Come per i due livelli precedenti, anche l'era animale fu più breve dell'era vegetale, secondo le proporzioni fra i livelli vegetale e animale della piramide spirituale.

La fase umana, che corrisponde al livello parlante della piramide spirituale, è iniziata da soli quarantamila anni. Quando l'umanità avrà completato la sua evoluzione nella Quarta (e ultima) Fase, l'intera evoluzione sarà completata e l'umanità potrà finalmente ricongiungersi con il Creatore.

La Quarta Fase iniziò circa cinquemila anni fa, la prima volta che apparve il punto nel cuore. Come nei Mondi Spirituali, il nome dell'uomo che per primo ha sperimentato il punto nel cuore fu Adamo. Era *Adam ha Rishòn* (il Primo Uomo). Il nome, Adamo, viene dalle parole ebraiche *Adameh la Elyòn* (Sarò simile all'Altissimo) e riflette il desiderio di Adamo di essere come il Creatore.

Oggi, all'inizio del XXI secolo, l'evoluzione sta completando lo sviluppo della Quarta Fase, il desiderio di essere come il Creatore. Questo è il motivo per cui oggi sempre più persone cercano risposte spirituali ai loro problemi.

Ascendere la scala

Quando i Kabbalisti parlano di progresso spirituale, essi si riferiscono all'ascensione della scala spirituale. Questa è la ragione per cui il Kabbalista Yehudà Ashlag ha intitolato il suo commento del *Libro dello Zohar*, *Perùsh HaSulàm* (*Il Commento della Scala*), per cui è stato chiamato Baal HaSulàm (il Padrone della Scala). Ma se torniamo indietro di qualche pagina, scopriamo che "salire la scala" significa "tornare alle Radici". Questo è perché vi siamo già stati, ma ora dobbiamo scoprire da soli come tornarvi.

La Radice è il nostro scopo ultimo; è la nostra destinazione finale. Ma per arrivarvi rapidamente e in pace, abbiamo bisogno di desiderarlo con forza. Tale desiderio di Spiritualità può venire esclusivamente dalla Luce, dal Creatore, ma per diventare abbastanza forte, deve essere intensificato dall'ambiente.

Per fare un esempio, se desidero una fetta di torta, prima la rappresento nella mia mente: il suo aspetto, il suo colore, la sua squisita fragranza e il suo gusto al palato. Più aumenta il pensiero e più aumenta il desiderio. In termini cabbalistici, potremmo dire che per me "la fetta di torta brilla" perché colpita dalla "Luce Circostante".

Di conseguenza, per desiderare la Spiritualità, dobbiamo acquisire quel tipo di Luce Circostante che ci farà desiderare i piaceri spirituali. Più Luce raccoglieremo e più procederemo rapidamente. Il desiderio di Spiritualità è chiamato "Elevare *MAN*" e la tecnica per accrescerlo è esattamente la stessa che aumenta in noi il desiderio di una fetta di torta: immaginarla, parlarne, leggerne, rifletterne e fare il possibile per concentrarci su di essa. Ma il mezzo più potente per accrescere qualsiasi desiderio resta sempre il nostro ambiente. Possiamo utilizzare l'ambiente per intensificare il nostro desiderio spirituale, il nostro *MAN*, e in questo modo accelerare i nostri progressi.

Parleremo in modo più approfondito dell'ambiente più avanti, nel Capitolo 6; ora però consideriamolo in questo modo: se tutti coloro che mi circondano desiderano la stessa cosa e parlano della stessa cosa e l'argomento trattato è quindi uno soltanto, sarò portato a desiderare quella stessa cosa.

Nel Capitolo 2 abbiamo detto che l'apparizione di un *Kli*, un desiderio, ci spinge a cercare un modo per riempire questo *Kli* con *Ohr*, la Luce. Più il *Kli* è intenso, maggiore sarà la Luce e più rapida sarà la ricerca del percorso corretto.

Una finestra sulla Kabbalah

Qual è la differenza nel chiamare la Luce con il nome di "Luce Circostante" o semplicemente "Luce"?

Le definizioni di "Luce Circostante" e "Luce" fanno riferimento alle due funzioni della stessa Luce. La Luce che *non* è considerata Circostante è quella che ci fa provare piacere, mentre la Luce Circostante è la Luce che costruisce il nostro *Kli*, il luogo nel quale la Luce deve finalmente entrare. Entrambe sono in effetti una sola Luce, ma nel momento in cui noi la usiamo per correggerci, la chiamiamo "Luce Circostante". Quando invece la percepiamo come puro piacere, la chiamiamo "Luce". Prima di poter sviluppare un *Kli*, è naturale che non riceviamo alcuna Luce. Ma la Luce esiste e avvolge la nostra anima esattamente come la Natura ci avvolge sempre. Dunque, quando non abbiamo un *Kli*, la Luce Circostante costruisce un *Kli* per noi, aumentando il nostro desiderio di Essa.

Costruire il *Kli* (vaso)

Dobbiamo però ancora comprendere come la Luce Circostante costruisce il nostro *Kli* e anche perché la chiamiamo proprio "Luce". Per comprendere questo, dobbiamo prima di tutto comprendere il concetto di *Reshimòt*.

I Mondi Spirituali e l'anima di *Adam ha Rishòn* si evolvono in un certo ordine. Nei Mondi l'evoluzione è *Adam Kadmòn, Atzilùt, Brià, Yetsirà e Assiyà*. In *Adam ha Rishòn*, l'evoluzione prende il nome del tipo di desiderio che sta emergendo: inanimato, vegetale, animale, parlante e spirituale.

Così come noi non dimentichiamo la nostra fanciullezza, ma facciamo affidamento sugli eventi passati per le nostre esperienze odierne, nessuno dei passi compiuti nel processo dell'evoluzione viene dimenticato, ma viene registrato nella nostra "memoria spirituale" incoscia. In altre parole, in noi alberga l'intera storia della nostra evoluzione spirituale, dall'epoca nella quale eravamo tutt'uno con il Pensiero della Creazione fino a oggi. Ascendere la scala spirituale significa semplicemente ricordarsi gli stati che abbiamo già vissuto e riscoprire tali memorie.

Queste memorie vengono correttamente chiamate *Reshimòt* (registrazioni). Ogni *Reshimò* (singolare di *Reshimòt*) simboleggia un preciso stato spirituale. Poiché la nostra evoluzione spirituale si svela in un ordine ben preciso, le *Reshimòt* emergono secondo questo stesso ordine. In altre parole, i nostri stati futuri sono già predeterminati, perché noi non creiamo nulla di nuovo, ma ricordiamo gli avvenimenti che ci sono già accaduti, dei quali siamo inconsapevoli. La sola cosa che possiamo determinare, e di cui parleremo nei prossimi capitoli, è la nostra velocità con la quale ascendiamo lungo la scala. Più ci impegnamo a risalirla, più velocemente cambieranno gli stati e più sarà rapido il nostro progresso spirituale.

Ciascuna *Reshimò* si conclude quando ne abbiamo una piena esperienza. Come in una catena, quando si conclude una *Reshimò*, emerge quella seguente. Questa nuova *Reshimò* aveva in realtà generato la *Reshimò* attuale; ma siccome stiamo tornando a risalire la scala, la *Reshimò* attuale risveglia quella che l'ha generata. Pertanto, non dobbiamo mai sperare di concludere il nostro stato attuale per riposarci, poiché quando giunge a conclusione il nostro stato attuale, emerge il successivo, finché non completeremo la nostra correzione.

Mentre tentiamo di diventare altruisti (spirituali) ci avvicinano allo stato di correzione, poiché risvegliamo più rapidamente le *Reshimòt*. E poiché queste *Reshimòt* sono registrazioni delle esperienze spirituali superiori, le sensazioni che suscita in noi sono di tipo più spirituale.

Quando accade ciò, iniziamo a percepire vagamente la connessione, l'unità e l'amore presenti in tale stato, un po' come se intravedessimo una luce lontana. Più cerchiamo di raggiungerla, più ci avviciniamo, più essa risplende. Inoltre, più intensa è la luce, più intenso sarà anche il nostro desiderio di raggiungerla e in questo modo la Luce costruisce il nostro *Kli*, il nostro desiderio di Spiritualità.

Ora scopriamo anche che il nome, "Luce Circostante" descrive perfettamente il nostro modo di percepirla. Fintantoché non La raggiungiamo, La vediamo come esterna, una Luce che ci attira con la sua splendente promessa di felicità.

Ogni volta che la Luce costruisce per noi un *Kli* sufficientemente grande da consentirci di salire al livello successivo, la *Reshimò* successiva risveglierà in noi un nuovo desiderio. Non riusciamo a capire perché i nostri desideri cambiano, perché tali nuovi desideri appartengono alla *Reshimò* di un livello superiore rispetto al nostro, anche se non ce ne accorgiamo.

Così, proprio come è emersa l'ultima nostra *Reshimò*, che ci ha condotto al nostro stato attuale, cominciamo a percepire un nuovo desiderio, che deriva dalla nostra prossima *Reshimò*. Questo è esattamente il modo in cui continuiamo ad ascendere la scala. È come una spirale di *Reshimòt* che ascende fino allo scopo della Creazione: la Radice delle nostre anime, quando saremo uguali e uniti al Creatore.

Il desiderio di Spiritualità

Una finestra sulla Kabbalah

I gusti non si discutono

L'unica differenza fra le persone è il modo con il quale esse sperimentano il piacere. Il piacere è, di per sé, senza forma, intangibile. Ma quando lo "vestiamo" diversamente, ci sembra che esistano tante forme di piacere, mentre, in realtà, si tratta semplicemente di "vestiti" differenti.

Il fatto che il piacere sia essenzialmente spirituale, spiega perché abbiamo il desiderio inconscio di cambiare abito al piacere, con il desiderio di percepirlo nella sua forma più pura: la Luce del Creatore.

E poiché non siamo consapevoli del fatto che la differenza fra le persone è solo negli abiti con cui rivestono i piaceri che cercano, li giudichiamo in funzione degli "abiti" che preferiscono. Consideriamo legittimi certi tipi di piacere, come l'amore filiale, mentre consideriamo inaccettabili altri piaceri, come le droghe. Quando avvertiamo in noi un tipo di piacere inaccettabile, siamo portati a occultarlo. Tuttavia, nascondere un desiderio non lo fa di certo sparire e tanto meno lo corregge.

Come abbiamo spiegato precedentemente, la parte inferiore della Quarta Fase è la sostanza dell'anima dell'*Adam ha Rishòn*. Così come i mondi vengono costruiti seguendo lo sviluppo dei desideri, allo stesso modo l'anima di Adamo (l'umanità) è evoluta attraverso cinque fasi: dalla Fase Zero (inanimata) alla Quarta Fase (spirituale).

Quando affiora ciascuna di queste fasi, l'umanità la vive fino al suo completo esaurimento. Emerge allora un nuovo livello di desiderio, in base alla sequenza delle *Reshimòt* che conserviamo in noi. A oggi, abbiamo vissuto tutte le *Reshimòt* e tutti i desideri, dall'essere inanimato fino all'essere parlante.

Tutto ciò che rimane da compiere all'umanità per completare la propria evoluzione è sperimentare appieno i desideri spirituali. Raggiungeremo così l'unione con il Creatore.

In realtà, la comparsa dei desideri propri del quinto livello (spirituale) è iniziata già nel XVI secolo, come descritto dal Kabbalista Isaac Luria (Ari), ma oggi siamo testimoni della comparsa del desiderio più intenso del quinto livello: lo spirituale nello spirituale. Inoltre, lo sviluppo di questo desiderio riguarda milioni di individui in tutto il mondo, i quali cercano risposte spirituali alle loro domande.

Poiché le *Reshimòt* che emergono ai giorni nostri sono più vicini alla Spiritualità di quelle precedenti, le domande elementari che l'uomo si pone sono relative alle sue origini e alle sue radici! Benché la maggior parte delle persone sia in grado di sostentare dignitosamente sé e la propria famiglia, molti sentono la necessità di sapere da dove provengono, quale piano è in serbo per loro e qual è il loro scopo nella vita. Quando non sono soddisfatti delle risposte fornite dalle religioni, le ricercano in altre discipline e insegnamenti.

La principale differenza tra la Quarta Fase e tutte le altre fasi è che in questa fase dobbiamo evolvere in maniera *cosciente*. Nelle fasi precedenti, è sempre stata la Natura a spingerci a passare da una fase alla successiva, rendendoci scomodo il nostro stato presente, tanto da volerlo superare. Questo è il modo in cui la Natura agisce per far evolvere tutte le sue parti: umana, animale, vegetale e anche inanimata.

Poiché per natura siamo pigri, non passiamo da uno stato a un altro finché lo stato corrente non ci risulta insopportabile. Altrimenti non muoveremmo un dito. La logica è semplice: se sto bene come sto, perché cambiare?

Ma la Natura ha piani differenti per noi. Invece di lasciarci compiacere del nostro stato attuale, Essa vuole che ci evolviamo fino a raggiungere il Suo stesso livello, quello del Creatore. Questo è esattamente lo scopo della Creazione.

Così abbiamo due possibilità: possiamo scegliere di evolvere sotto la dolorosa pressione della Natura oppure possiamo evolvere senza dolore, partecipando allo sviluppo della nostra consapevolezza. Rimanere fermi senza evolvere non è invece fra le nostre possibilità, in quanto ciò non rientra nel piano della Natura, nel momento in cui ci ha creati.

Il nostro livello spirituale può iniziare a evolvere solo se *desideriamo* evolvere, così da poter raggiungere la stessa condizione del Creatore. Proprio come nella Quarta Fase, siamo tenuti a cambiare *volontariamente* il nostro desiderio.

È per questo motivo che la Natura continua a tenerci sotto pressione. Continueremo a subire uragani, terremoti, epidemie, terrorismo e da ogni sorta di prove di origine naturale o umana finché non comprenderemo che *dobbiamo* cambiare, che dobbiamo tornare coscientemente alla nostra Radice.

Per concludere, la nostra Radice spirituale si è evoluta partendo dalla Fase Zero per giungere alla Quarta Fase. La Quarta Fase si è suddivisa fra Mondi Spirituali (la parte superiore) e anima (la parte inferiore). Le anime, originariamente raccolte nell'anima comune di *Adam ha Rishòn,* si sono poi frammentate e hanno perso il senso di unità con il Creatore. Questa frammentazione dell'anima comune di *Adam ha Rishòn* ha condotto l'umanità allo stato attuale, in cui una barriera invisibile separa il nostro mondo dai Mondi Spirituali.

Sotto questa barriera, la forza spirituale ha creato una particella corporale, che ha iniziato a evolvere. Questo è stato il Big Bang.

Dobbiamo tenere in considerazione che quando i Kabbalisti parlano del Mondo Spirituale e del mondo corporale, fisico, fanno riferimento alle loro caratteristiche, rispettivamente altruista ed egoista. Non fanno *mai* riferimento ai mondi che occupano lo spazio fisico di qualche universo ancora da scoprire.

Non possiamo prendere una nave spaziale e volare, per esempio, fino al mondo di *Yetzira* oppure scoprire la Spiritualità cambiando il nostro comportamento. Possiamo scoprirla solo diventando altruisti, simili al Creatore. Quando vi riusciamo, scopriamo che il Creatore è già dentro di noi e che vi è sempre stato, ad attenderci.

Tutti i livelli prima dell'ultimo si sono evoluti senza consapevolezza di se stessi. In termini di consapevolezza personale, il fatto che esistiamo non significa che siamo *consapevoli* della nostra esistenza. Prima di raggiungere il quarto livello, semplicemente esistiamo. In altre parole, trascorriamo la nostra vita nel modo più confortevole possibile, ma diamo la nostra esistenza per scontata senza mai domandarci quale sia il suo scopo.

Ma è tutto veramente così ovvio e scontato? I minerali esistono perché i vegetali possono usarli come nutrimento per crescere; le piante esistono perché gli animali possano nutrirsi di loro e crescere; i minerali, le piante e gli animali esistono perché gli esseri umani possano cibarsi di loro per crescere. Ma qual è lo scopo dell'esistenza umana? Tutti i livelli sono al nostro servizio, ma cosa o chi serviamo? Noi stessi? Il nostro ego? Il momento in cui ci poniamo per la prima volta queste domande, segna l'inizio della nostra evoluzione cosciente, l'emergere del desiderio di Spiritualità. Questo è proprio ciò che viene chiamato "punto nel cuore".

Nell'ultima fase evolutiva, iniziamo a comprendere il processo di cui facciamo parte. In termini semplici, iniziamo ad acquisire la logica della Natura. Più riusciamo a comprendere la sua logica, più aumentiamo la nostra consapevolezza e la facciamo confluire in essa. Alla fine, quando ci saremo pienamente impadroniti della logica della Natura, comprenderemo il Suo funzionamento e impareremo anche a impradronircene. Questo processo si verifica esclusivamente all'ultimo livello, il livello dell'ascesa spirituale.

Dobbiamo sempre ricordare che il nostro livello finale di sviluppo come esseri umani deve svelarsi in modo conscio, legato al desiderio. Senza un esplicito desiderio di crescita spirituale, non può avvenire alcuna evoluzione spirituale. Dopo tutto, l'evoluzione spirituale dall'alto verso il basso è già avvenuta. Siamo stati condotti verso il basso lungo le Quattro Fasi della Luce ai cinque mondi *Adam Kadmòn*, *Atzilùt*, *Brià*, *Yetzirà* e *Assiyà* e infine ci siamo trovati in questo mondo.

Se ora dobbiamo tornare ad ascendere la scala spirituale, dobbiamo *decidere* di farlo. Se dimentichiamo che lo scopo della Creazione è che noi diventiamo come il Creatore, non potremo comprendere perché la Natura non ci aiuta e talvolta perfino ostacola il nostro cammino.

Ma se, al contrario, teniamo in mente solo l'obiettivo della Natura, percepiremo la nostra vita come un affascinante viaggio di scoperta, una caccia al tesoro spirituale. Di più: più attivamente riusciremo a partecipare a questo "tour" della vita, più rapidamente e più facilmente giungeranno queste scoperte. Ancora meglio, percepiremo le difficoltà della vita come domande alle quali dobbiamo rispondere e non come prove che dobbiamo affrontare nella nostra vita fisica. Questo è il motivo per cui evolvere grazie alla nostra consapevolezza è molto meglio che evolvere solo dopo che la Natura ci ha dolorosamente spinto a farlo!

Se abbiamo il desiderio di evolvere in termini spirituali, abbiamo il *Kli* corretto e non esiste una sensazione migliore se non un *Kli* pieno, un desiderio esaudito.

Ma il desiderio di Spiritualità deve precedere questa pienezza spirituale. Preparare il *Kli* prima della Luce non è solo l'unico mezzo per ascendere alla Quarta Fase; è anche l'unico mezzo in cui non interviene alcun dolore o mancanza.

Infatti, se ci riflettiamo, non vi è niente di più naturale che preparare il *Kli*. Se vogliamo bere dell'acqua, allora l'acqua è la mia luce, il mio piacere. Naturalmente per bere dell'acqua devo innanzitutto preparare il *Kli*, che in questo specifico caso sarà la sete. Lo stesso accade per tutto ciò che vogliamo ricevere in questo mondo. Se la mia luce è una nuova automobile, allora il mio *Kli* è il mio desiderio di tale automobile. Questo *Kli* mi spinge a lavorare per consentirmi l'acquisto dell'automobile e garantisce che non spreco il mio denaro in altre cose.

L'unica differenza fra un *Kli* spirituale e uno fisico è che con un *Kli* spirituale non so esattamente cosa riceverò. Posso immaginarlo in qualche modo, ma poiché vi è una barriera fra il mio stato presente e l'obiettivo che desidero, non potrò mai realmente sapere quale sarà il mio obiettivo finché non lo avrò raggiunto. Quando finalmente lo avrò raggiunto, si rivelerà più grande di qualsiasi cosa che avessi mai potuto immaginare; ma non potrò mai comprendere appieno la sua grandezza se non quando l'avrò effettivamente raggiunto. Se conoscessi in anticipo la ricompensa, non si tratterebbe di vero altruismo ma di una sorta di egoismo.

Riassumendo

Il mondo fisico evolve secondo lo stesso ordine di livelli del Mondo Spirituale, in base alla piramide dei desideri. Nel Mondo Spirituale, i desideri (inanimato, vegetale, animale, parlante e spirituale) creano i mondi *Adam Kadmòn, Atzilùt, Brià, Yetzirà e Assiyà*. Nel mondo fisico essi creano i minerali, le piante, gli animali, le persone e coloro che hanno il "punto nel cuore".

Il mondo fisico è stato creato quando l'anima di *Adam ha Rishòn* si è frammentata. In tale stato è cominciata la comparsa di tutti i desideri, uno dopo l'altro, dal più lieve al più intenso, dall'inanimato allo spirituale, creando così il nostro mondo, fase dopo fase.

Oggi, all'inizio del XXI secolo, tutti i livelli sono stati raggiunti, tranne il desiderio di Spiritualità che è emerso solo recentemente. Correggendolo ci troveremo uniti al Creatore, poiché il nostro desiderio di Spiritualità, in realtà, è il desiderio di unità con il Creatore. In questo modo riusciremo a raggiungere l'apice del processo di evoluzione del mondo e dell'umanità.

Aumentando il desiderio di tornare alla nostra Radice spirituale, costruiamo un *Kli* spirituale. La Luce Circostante corregge il *Kli* e lo sviluppa. Ciascun nuovo livello di sviluppo evoca in noi una nuova *Reshimò*, una registrazione del nostro stato passato, che abbiamo già sperimentato quando eravamo più corretti. In conclusione, la Luce Circostante corregge l'intero *Kli* e l'anima di *Adam ha Rishòn* riunirà in sé tutti i suoi frammenti e sarà unita al Creatore.

Tuttavia, questo processo solleva qualche domanda: se le *Reshimot* sono registrate in me e se anche gli stati suscitati e vissuti sono ugualmente in me, che collocazione ha la realtà oggettiva? Se qualcun altro possiede *Reshimòt* differenti, significa che vive in un mondo differente dal mio? Cosa ne è dei Mondi Spirituali? Dove si trovano, se tutto ciò che vivo esiste unicamente in me? E ancora, dov'è la "dimora del Creatore"? Il prossimo capitolo risponderà a tutte queste domande.

CAPITOLO 5

Quale realtà è reale?

Tutti i mondi, superiori e inferiori, sono contenuti l'uno nell'altro

Yehudà Ashlag

Di tutti i concetti più inattesi trattati dalla Kabbalah, non ne esiste alcuno così imprevedibile, così irragionevole, ma nonostante questo così profondo e affascinante come il concetto di realtà. Se non fosse stato per Einstein e la Fisica Quantistica, che hanno rivoluzionato il nostro modo di concepire la realtà, le idee presentate di seguito sarebbero state sicuramente rigettate e ridicolizzate.

Nel capitolo precedente abbiamo detto che l'evoluzione è dovuta al fatto che il nostro desiderio di ricevere piacere progredisce dalla Fase Radice alla Quarta Fase. Ma se i nostri desideri sono il motore dell'evoluzione del mondo, il mondo esiste veramente, al di fuori di noi stessi? Forse allora il mondo circostante è solo una storia alla quale noi *vogliamo* credere?

Abbiamo detto che la Creazione ha avuto origine dal Pensiero della Creazione, che ha creato le Quattro Fasi fondamentali della Luce. Queste fasi comprendono dieci *Sefiròt*: *Ketèr* (la Fase Zero), *Hochmà* (la Prima Fase), *Binà* (Seconda Fase), *Hesèd, Gevurà,*

Tifferèt, *Netzàh*, *Hof* e *Yesòd* (che fanno tutte parte della Terza Fase, *Zeir Anpìn*) e *Malkhùt* (la Quarta Fase).

Il *Libro dello Zohar*, l'opera di riferimento della Kabbalah, che tutti i Kabbalisti studiano, dice che tutta la realtà è composta unicamente dalle dieci *Sefiròt*. Ogni cosa è strutturata secondo queste dieci *Sefiròt*. La sola differenza tra di esse è il loro livello di immersione nella nostra sostanza, il desiderio di ricevere.

Per comprendere il significato dato dai Kabbalisti alla frase: "livello di immersione nella nostra sostanza", immaginatevi una forma, diciamo una sfera, conficcata in un pezzo di pasta da modellare o d'argilla. La forma rappresenta un gruppo di dieci *Sefiròt*, mentre l'argilla rappresenta noi o la nostra anima. Ora, anche se affondate la sfera all'interno dell'argilla, essa non cambierà forma, ma più profondamente penetrerà nell'argilla, più la trasformerà.

Cosa accade invece quando i soggetti in questione sono le dieci *Sefiròt* e un'anima? Vi è mai capitato di notare qualcosa che è sempre stato intorno a voi e che non avete mai notato? Questo assomiglia alla sensazione delle dieci *Sefiròt* che affondano un po' più profondamente nel desiderio di ricevere. In altre parole, quando scopriamo qualcosa di cui non ci eravamo mai accorti, è perché le dieci *Sefiròt* entrano un po' più in profondità in noi.

I Kabbalisti hanno dato un nome al desiderio di ricevere: *Aviùt*. *Aviùt* significa in realtà "spessore" e non "desiderio". Ma i Cabbalisti impiegano questo termine perché più il desiderio di ricevere è grande e più aumenta lo spessore dei livelli che lo ricoprono.

Come abbiamo detto, il desiderio di ricevere, l'*Aviùt*, è costituito da cinque livelli di base: 0, 1, 2, 3 e 4. Mentre le dieci *Sefiròt* si immergono sempre più in profondità all'interno dei livelli (strati) di *Aviùt*, creano varie combinazioni fra il desiderio di ricevere e il desiderio di dare. Queste combinazioni danno vita a tutto ciò che esiste: i Mondi Spirituali, i mondi fisici e tutto ciò che essi contengono.

Le variazioni della nostra sostanza (il desiderio di ricevere) creano i nostri strumenti di percezione, chiamati *Kelìm* (plurale di *Kli)*. In altre parole, ogni forma, colore, profumo, pensiero, tutto ciò che esiste, esiste poiché in me si trova un *Kli* adeguato a percepirlo.

Un po' come il nostro cervello si serve delle lettere dell'alfabeto per studiare ciò che il mondo può offrirgli, i nostri *Kelìm* si servono delle dieci *Sefiròt* per studiare ciò che sono in grado di offrire i Mondi Spirituali. Così come studiamo il mondo in base a determinate restrizioni e regole, allo stesso modo, per studiare i Mondi Spirituali abbiamo bisogno di conoscere le regole che governano tali mondi.

Quando il nostro oggetto di studio si trova nel mondo fisico, dobbiamo seguire certe regole. Per esempio, perché un'affermazione possa essere considerata vera, essa deve essere prima sperimentata empiricamente. Se gli esperimenti dimostrano una certa teoria, allora sarà considerata corretta, finché qualcun altro, attraverso altri esperimenti e non solo a parole, non dimostri il contrario. Fintantoché un'affermazione non è verificata, rimane semplicemente una teoria.

Anche i Mondi Spirituali hanno dei limiti: tre per l'esattezza. Se aspiriamo a raggiungere lo scopo della

Creazione e a divenire come il Creatore, dobbiamo rimanere entro questi limiti.

I tre limiti nello studio della Kabbalah

Il primo limite: ciò che percepiamo

Nella sua *Prefazione al Libro dello Zohar*, il Kabbalista Yehudà Ashlag scrive che esistono "quattro categorie di percezione: la Materia, la Forma rivestita della Materia, la Forma Astratta e l'Essenza". È nel corso dell'esame della Natura spirituale che dobbiamo decidere quali di queste categorie ci offrono un'informazione solida e affidabile e quali no.

Lo *Zohar* ha scelto di spiegare solo le prime due. In altre parole, ogni sua parola è scritta considerando la prospettiva della Materia o della Forma rivestita della Materia, mentre non si fa alcun accenno alla Forma Astratta o all'Essenza.

Il secondo limite: dove percepiamo

Come abbiamo detto precedentemente, la sostanza dei Mondi Spirituali è chiamata "l'anima di *Adam ha Rishòn*". Questo è il modo in cui furono creati i Mondi Spirituali.

Benché tutto ciò non venga percepito in questo mondo, abbiamo già attraversato la Creazione di questi mondi e stiamo risalendo verso i livelli Superiori. In effetti, l'anima di Adamo si è già frantumata in una miriade di frammenti. Lo *Zohar* ci insegna che la maggior parte di essi, il 99 per cento per l'esattezza, si sparse nel mondo di *Brià, Yezirà* e *Assiyà* (BYA); il restante 1 per cento risalì per arrivare al mondo di *Azilùt*.

Allo stesso modo, l'anima di Adamo è costituita dai contenuti dei mondi di *BYA*, i quali si frantumarono tra tutti questi mondi e, visto che noi siamo tutti frammenti di quest'anima, ne deriva chiaramente che quanto percepiamo, non può che essere parte di questi ultimi. Tutto ciò che recepiamo, proveniente dai Mondi Superiori a *BYA*, quali *Azilùt* e *Adam Kadmon*, non sono altro che proiezioni, filtrate dai mondi di *BYA*.

Il nostro mondo è il grado più basso dei mondi di *BYA*. Infatti, questo grado ha una natura totalmente opposta agli altri Mondi Spirituali e questo è il motivo per cui non li percepiamo. È come se due persone che si dessero reciprocamente le spalle e procedessero quindi in due direzioni opposte. Avranno mai l'opportunità di incontrarsi?

Eppure, quando ci correggiamo, scopriamo che viviamo già nei mondi di *BYA*. Alla fine, insieme a essi, inizieremo a elevarci ai modi di *Azilùt* e *Adam Kadmòn*.

Il terzo limite: chi percepisce

Benché lo *Zohar* descriva minuziosamente il contenuto di ciascun mondo e ciò che vi si svolge come se si trattasse di un luogo fisico, in realtà parla solamente delle esperienze vissute dalle anime. In altre parole, parla del modo in cui i Kabbalisti *percepiscono* le cose, dicendoci che anche noi abbiamo la possibilità di percepirle. Di conseguenza, quando leggiamo nello *Zohar* di avvenimenti accaduti nei mondi di *BYA,* scopriamo, in effetti, come Rabbi Shimon Bar-Yokhai (autore del *Libro dello Zohar*) ha percepito gli stati spirituali.

Inoltre, quando i Kabbalisti parlano dei mondi superiori ai mondi di *BYA*, non parlano realmente di questi mondi, ma del modo in cui loro, gli *autori dei testi*, percepirono tali mondi, rimanendo nei mondi di *BYA*. È poiché i Kabbalisti raccontano le proprie esperienze personali, è possibile trovare nei loro testi analogie, ma anche differenze. Parte dei loro scritti tratta la struttura generale dei mondi, per esempio il nome delle *Sefiròt* e dei mondi stessi; un'altra parte racconta le loro esperienze personali in questi mondi.

Se raccontassimo a un amico di un nostro viaggio a Roma, potremmo parlargli di Piazza di Spagna o di Castel S. Angelo; oppure potremmo parlargli delle sensazioni provate passeggiando per Via Condotti o le impressioni riportate nella visita ai Fori Romani, inghiottiti da una folla di visitatori provenienti da tutto il mondo, sentendoci al contempo completamente soli. La differenza fra questi due esempi è che, mentre nel secondo caso raccontiamo le nostre esperienze personali, nel primo parliamo delle impressioni che ogni persona può avere visitando Roma, benché ciascuno possa viverle in modo differente.

Quando abbiamo parlato del primo limite, abbiamo detto che lo *Zohar* parla solo dal punto di vista della Materia e della Forma rivestita della Materia. È molto importante sapere che per "Materia" s'intende il desiderio di ricevere e per "Forma rivestita della Materia" s'intende invece l'*intenzione* con la quale il desiderio di ricevere intende ricevere: per sé o per gli altri. In altri termini: Materia è il desiderio di ricevere; Forma è l'intenzione.

Una finestra sulla Kabbalah

È fondamentale ricordare sempre che lo *Zohar* non deve essere visto come una cronaca di eventi mistici o come una raccolta di racconti. Lo *Zohar*, come tutti gli altri libri di Kabbalah, deve essere utilizzato come uno strumento di studio. Ciò significa che il libro vi aiuterà solo se anche voi desiderate sperimentare quanto descrive.

Altrimenti, il libro non vi sarà di alcun aiuto e non riuscirete neppure a capirlo. Ricordate questo: la giusta comprensione dei testi cabbalistici dipende dalle vostre *intenzioni* al momento della lettura, dal motivo per cui li avete aperti e *non* dalle vostre capacità intellettuali. Il testo potrà aiutarvi solo se desiderate fare vostre le qualità altruistiche di cui esso parla.

La Forma del dono in sé stesso si chiama il "mondo di *Atzilùt*". Il donare, nella sua Forma Astratta, è l'attributo proprio del Creatore; non è attribuibile alle creature, che sono per natura recettori. Tuttavia, le creature (le persone) *possono* dotare il proprio desiderio di ricevere della *Forma* del dono, cosicché questo *sembri* un dono. In altre parole, noi possiamo ricevere e nel fare ciò diventare in effetti donatori. Esistono due motivi per cui non possiamo semplicemente donare.

1. Per donare, vi deve essere qualcuno che desideri ricevere. Ma, oltre noi (le anime), esiste solo il Creatore, che non ha alcuna necessità di ricevere alcunché, poiché la Sua natura è quella di donare. Questo è il motivo per cui donare non rientra nelle nostre possibilità.

2. Non abbiamo alcun desiderio di donare. Non possiamo donare perché la nostra essenza è il desiderio di ricevere; ricevere è la nostra sostanza, la nostra Materia.

Quest'ultima affermazione è più complicata di quanto appaia. Quando i Kabbalisti scrivono che tutto ciò che desideriamo è ricevere, non intendono dire che tutto ciò che *facciamo* è ricevere, ma che questa è la motivazione che sta alla base di tutto ciò che facciamo. Essi si esprimono molto semplicemente: non possiamo compiere nulla che non ci dia piacere. Non si tratta unicamente di non volere; non ne siamo letteralmente in grado. Questo perché il Creatore (la Natura) ci ha creati come un desiderio di ricevere, poiché Egli non desidera altro che donare. Per questo non abbiamo bisogno di cambiare le nostre azioni, ma solo l'intenzione che ne sta alla base.

La percezione della realtà

Per descrivere la comprensione vengono impiegati numerosi termini. Per i Kabbalisti, il livello più profondo di comprensione si chiama "accesso". I loro studi dei Mondi Spirituali li portano a voler raggiungere l'"accesso spirituale". L'accesso fa riferimento a una comprensione talmente profonda e intensa di ciò che viene percepito, da non lasciare domande irrisolte. I Kabbalisti scrivono che, al termine dell'evoluzione dell'umanità, accederemo al Creatore in uno stato chiamato "Equivalenza della Forma".

Per conseguire questo obiettivo, i Kabbalisti hanno definito con cura quali parti della realtà dovremmo studiare e quali no. Per determinare questi due percorsi, i Kabbalisti hanno seguito un principio molto semplice: ciò che ci aiuta a comprendere più rapidamente e più profondamente dovrà essere studiato. Tutto il resto dovrà essere ignorato.

I Kabbalisti in generale, e lo *Zohar* in particolare, ci incoraggiano a studiare solo quelle parti che riusciamo a percepire con assoluta certezza. Non dobbiamo perdere il nostro tempo su elementi dubbiosi, in quanto il nostro accesso diverrebbe discutibile.

I Kabbalisti aggiungono, inoltre, che tra le quattro categorie di percezione, Materia, Forma rivestita della Materia, Forma astratta ed Essenza, possiamo percepire con certezza solo le prime due. È per questo motivo che tutto ciò che è scritto nello *Zohar* parla unicamente dei desideri (la Materia) e di come utilizzarli: per noi stessi o per il Creatore.

Il Kabbalista Yehudà Ashlag scrive che "Se il lettore non usa prudentemente i limiti ed esce fuori dal contesto, si sentirà immediatamente confuso". Ciò può accadere se non limitiamo il nostro studio alla Materia e alla Forma rivestita della Materia.

Dobbiamo comprendere che nella Spiritualità non esiste il concetto di "proibizione". Quando i Kabbalisti dichiarano che qualcosa è "proibito", intendono semplicemente dire che è "impossibile". Quando dicono che non dobbiamo studiare la Forma Astratta e l'Essenza, non intendono dire che saremo colpiti dalla folgore se tenteremo di farlo, ma, semplicemente, che non possiamo studiare queste categorie, anche se lo desideriamo veramente.

Yehudà Ashlag si serve dell'esempio dell'elettricità per spiegare l'impercettibilità dell'Essenza. Dice che elettricità può essere utilizzata in diversi modi: per il riscaldamento, per la climatizzazione, per far funzionare gli elettrodomestici e così via. L'elettricità può quindi essere rivestita di tante Forme; ma siamo in grado di esprimere l'Essenza dell'elettricità stessa?

Usiamo un altro esempio per spiegare le quattro categorie: Materia, Forma rivestita della Materia, Forma Astratta ed Essenza. Quando diciamo di una persona che è forte, ci riferiamo alla Materia di questa persona, ovvero il corpo, e alla Forma che si riveste di questa materia, ovvero la forza.

Se spogliassimo la Forma della Materia (ovvero la forza dal corpo della persona) ed esaminassimo la Forma della forza separatamente, senza la Materia, ciò equivarrebbe a esaminare la Forma Astratta della forza. La quarta categoria, l'Essenza della persona, è completamente inaccessibile. Non siamo dotati di sensi in grado di "studiare" l'Essenza e rappresentarla in una Forma percettibile. Di conseguenza, non solo al momento attuale non conosciamo l'Essenza, ma non potremo *mai* giungere a conoscerla.

Perché è così importante concentrarsi unicamente sulle prime due categorie? Il problema è che quando abbiamo a che fare con la Spiritualità, non ci accorgiamo neppure se siamo in confusione. Perciò tendiamo a procedere sempre nella stessa direzione, deviando sempre più dalla verità.

Nel mondo materiale, se sappiamo ciò che vogliamo, possiamo verificare se otteniamo o meno un risultato o quanto meno se siamo sulla buona strada. Con la Spiritualità non è così. Se abbiamo torto, non solo ci viene negato ciò che desideriamo, ma perdiamo anche il grado spirituale raggiunto, la Luce si attenua e diventiamo incapaci di correggerci senza l'aiuto di una guida. Questo è il motivo per cui è così importante comprendere e accettare questi tre limiti.

Una realtà inesistente

Ora che sappiamo cosa possiamo studiare e cosa no, vediamo quello che possiamo apprendere attraverso i nostri sensi. Prima, però, va detta una cosa a proposito dei Kabbalisti e cioè che essi non trascurano alcun dettaglio. Yehudà Ashlag, che ha intrapreso ricerche sulla realtà nel suo insieme, al fine di parlarcene, ha scritto che non conosciamo ciò che esiste al di fuori di noi stessi. Per esempio, non abbiamo alcuna idea di ciò che esiste all'esterno delle nostre orecchie, ovvero cosa faccia reagire i nostri timpani. Tutto ciò che conosciamo veramente è la nostra reazione a uno stimolo proveniente dall'esterno.

Perfino il nome che attribuiamo ai fenomeni non è riallacciato ai fenomeni stessi, ma alle nostre reazioni nei loro confronti. È molto probabile che non siamo coscienti della maggior parte delle cose che accadono nel mondo. Esse passano inosservate ai nostri sensi, perché, ovviamente, possiamo reagire solo ai fenomeni che possiamo percepire. Ecco dunque il motivo per cui non è possibile percepire l'Essenza di ciò che ci circonda; possiamo solo studiare le nostre reazioni a essa.

Questa regola della percezione non si applica soltanto ai Mondi Spirituali, ma è la legge dell'intera Natura. Questa nostra relazione nei confronti della realtà, ci permette di capire immediatamente che ciò che noi vediamo, in realtà, non è ciò che esiste. Questa conoscenza è fondamentale per compiere un progresso spirituale.

Osservando la nostra realtà, cominciamo a scoprire cose di cui non eravamo consapevoli. Interpretiamo le cose che avvengono in noi, come se queste stessero accadendo all'esterno di noi.

Non conosciamo le reali cause degli eventi cui assistiamo, ma *percepiamo* che essi stanno accadendo all'esterno di noi. Ma non possiamo esserne sicuri.

Per definire un corretto rapporto con la realtà, non dobbiamo pensare che ciò che percepiamo sia un'immagine "reale". Tutto ciò che percepiamo è il modo in cui gli eventi (Forme) influiscono sulle nostre percezioni (la nostra Materia). Tanto più, che ciò che percepiamo non è un'immagine esteriore, oggettiva, ma la nostra stessa reazione. Non possiamo neppure sapere se e in quale misura le Forme che percepiamo siano legate alle Forme astratte, alle quali facciamo riferimento. In altre parole, il fatto di vedere una mela rossa non ci garantisce che essa sia veramente rossa.

> ## Una finestra sulla Kabbalah
>
> Infatti, un fisico vi direbbe che l'unica affermazione vera a proposito di una mela che percepiamo come rossa, è che essa *non* è rossa. Ricordatevi come funziona il *Massàkh* (lo Schermo): riceve solo ciò che può ricevere per donare al Creatore e respinge tutto il resto.
>
> Succede lo stesso con gli oggetti; il loro colore è determinato dalle onde della luce che l'oggetto *non può* assorbire. Quindi non vediamo il colore dell'oggetto, bensì la luce *respinta* dall'oggetto stesso. Il vero colore di un oggetto è la luce che assorbe. Ma l'oggetto, assorbendo questa luce, non permette al colore di raggiungere il nostro occhio, perciò non possiamo vederlo. Ecco perché il vero colore della mela rossa è tutto escluso il rosso.

Yehudà Ashlag, nella *Prefazione del Libro dello Zohar*, ci spiega la nostra mancanza di percezione dell'Essenza in questi termini: "È un dato di fatto che ciò che non possiamo percepire, non possiamo neanche immaginarlo. Ne consegue che il pensiero non ha alcuna percezione dell'Essenza, qualunque essa sia".

In altri termini, poiché non possiamo sperimentare l'Essenza, qualsiasi Essenza, non possiamo neanche percepirla. Tuttavia, il concetto che più di ogni altro lascia perplessi gli allievi della Kabbalah la prima volta che leggono la Prefazione di Ashlag è quanto poco conosciamo di noi stessi. Ecco cosa scrive Ashlag a questo proposito: "Inoltre, non conosciamo neppure la nostra stessa Essenza. Io sento e so di occupare un certo posto nel mondo, che ho un corpo, che sono caldo, che penso e così altre manifestazioni dell'operato della mia Essenza. Tuttavia se mi domandaste qual è la mia Essenza... non saprei rispondervi".

Il meccanismo di misura

Guardiamo ora il nostro problema di percezione sotto un profilo meccanico. I nostri sensi sono strumenti di misura; misurano tutto ciò che percepiscono. Ascoltando un suono, determiniamo se è intenso o delicato, vedendo un oggetto, possiamo (normalmente) discernere il suo colore e, toccando qualcosa, sappiamo immediatamente se è calda o fredda, umida o secca.

Tutti gli strumenti di misura funzionano allo stesso modo. Immaginate una bilancia alla quale applichiamo il peso di un chilogrammo. Il meccanismo tradizionale di una bilancia è costituito da una molla che si allunga proporzionalmente al peso applicato e da un indice che misura questo allungamento. In realtà, non misuriamo il peso, ma l'equilibrio raggiunto tra la molla e il peso (Figura 9).

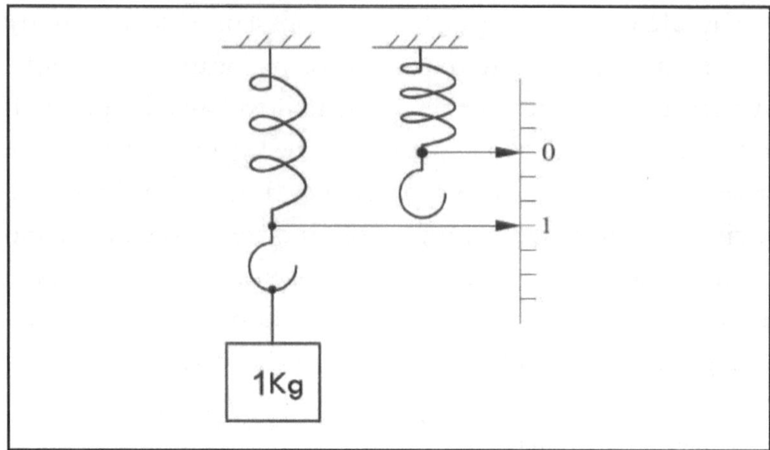

Figura 9 *La bilancia misura la tensione della molla e non il peso.*

Questo è il motivo per il quale il Kabbalista Yehudà Ashlag afferma che non possiamo percepire la Forma Astratta della materia, né l'essenza dell'oggetto, poiché non abbiamo alcun legame con esse. Utilizzando la molla per misurare l'impatto esteriore dell'oggetto, possiamo ottenere un risultato. Ma se non siamo capaci di misurare tale fenomeno esterno, è come se non si fosse prodotto. Tanto più che, se ci serviamo di uno strumento difettoso per misurare lo stimolo esteriore, otterremo un risultato errato. Questo è ciò che ci accade invecchiando, quando i nostri sensi si alterano.

In termini spirituali, il mondo esteriore ci presenta delle Forme Astratte, come il peso. Utilizzando la molla e l'indice (il desiderio di ricevere e l'intenzione di donare), misuriamo la quantità di Forma Astratta che siamo in grado di ricevere. Se fossimo capaci di costruire uno strumento per "misurare" il Creatore, Lo potremmo sperimentare come sperimentiamo questo mondo. In effetti, tale strumento di misura esiste e si chiama "sesto senso".

Il sesto senso

Cominciamo questo paragrafo facendo lavorare un po' la nostra immaginazione: ci troviamo in un luogo buio, completamente vuoto. Non vediamo nulla, non sentiamo nulla, non vi sono né gusti, né profumi e niente che si possa toccare. Ora, pensate di rimanere in questo stato talmente a lungo da aver dimenticato di essere dotati dei sensi e addirittura dell'esistenza stessa delle sensazioni offerte dai sensi.

Improvvisamente un vago aroma ci raggiunge, cresce progressivamente e ci circonda, ma non riusciamo a capirne la provenienza. Poi, appaiono altre fragranze: alcune intense, altre delicate, alcune dolci e altre aspre. Seguendo i differenti profumi, provenienti da luoghi diversi, possiamo cominciare a trovare il nostro cammino nel mondo.

Poi, senza alcun preavviso, udiamo dei suoni provenienti da tutte le direzioni: possono essere musica, parole o rumori, ma questi suoni ci forniscono una capacità supplementare per poterci orientare.

Ormai sappiamo valutare le distanze e le direzioni, sappiamo indovinare l'origine degli odori e dei suoni che percepiamo. Non si tratta più solo del luogo in cui ci troviamo, è un mondo intero di suoni e odori.

Dopo di che, entriamo in contatto con qualcosa e facciamo una nuova scoperta. Rapidamente ci rendiamo conto che possiamo toccare oggetti. Oggetti caldi o freddi, secchi o umidi, morbidi o duri e, qualche volta, non sappiamo neanche valutarne la consistenza. Poi, comprendiamo che alcuni di questi oggetti sono commestibili e che ognuno di essi ha un gusto differente.

Ora viviamo in un mondo ricco di suoni, odori, sensazioni e gusti. Potete toccare degli oggetti e studiare il vostro ambiente.

Questo è il mondo dei ciechi, sin dalla nascita. Se foste al loro posto, pensereste di aver bisogno di vedere? Addirittura, sapreste di non vedere? No, a meno che non siate stati in grado di vedere in passato.

La stessa cosa avviene con il sesto senso; abbiamo dimenticato di averlo, sebbene sia in nostro possesso da prima della frammentazione di *Adam ha Rishòn*, di cui tutti noi rappresentiamo le parti.

Il sesto senso opera essenzialmente come i cinque sensi, l'unica differenza è che, al momento della nascita, non lo possediamo; dobbiamo svilupparlo da noi stessi. In effetti, la definizione di "sesto senso" induce in errore, poiché in realtà non sviluppiamo un altro senso, ma un'*intenzione*.

Sviluppando questa intenzione, apprendiamo le Forme del Creatore, le Forme del donare, opposte al nostro innato egoismo. Questo è il motivo per cui il sesto senso non ci viene dato dalla Natura; poiché è all'opposto rispetto a noi.

Costruire un'intenzione su ciascun desiderio da noi provato può renderci coscienti di chi siamo, chi è il Creatore, e se desideriamo o meno essere come Lui. Possiamo realmente scegliere solo se abbiamo a disposizione due opzioni. Pertanto, il Creatore non ci costringe a essere come Lui, altruisti, ma ci mostra chi siamo noi e chi invece è Lui, dandoci così l'opportunità di scegliere liberamente. Una volta che avremo fatto questa scelta, diventiamo le persone che aspiriamo a essere: come il Creatore oppure no.

Perché, allora, chiamiamo "sesto senso" l'intenzione di donare? Perché avendo la stessa intenzione del Creatore diventiamo come Lui. Ciò significa che non solo abbiamo la Sua stessa intenzione, ma poiché abbiamo sviluppato un'equivalenza di forma con Lui, vediamo e percepiamo cose che altrimenti non avremmo potuto vedere e percepire. Cominciamo a vedere attraverso i Suoi stessi occhi.

Un cammino esiste, giacché un desiderio l'ha creato

Nel primo capitolo abbiamo detto che i concetti di *Kli* (strumento/recipiente) e di *Ohr* (Luce) sono, senza ombra di dubbio, i concetti più importanti nella saggezza della Kabbalah. In realtà, fra i due concetti, il primo (*Kli*) è quello che più conta per noi, malgrado il secondo (*Ohr*) sia la nostra vera meta.

Precisiamo meglio il nostro pensiero facendo un esempio. Nel film *"What the Bleep Do We Know!?"* ("Cosa sappiamo veramente della realtà?!"), la Dottoressa Candace Pert spiega che se una certa Forma non esistesse a priori in me, non sarei in grado di vederla nel mondo esterno. Per spiegare questo, utilizza una storia: gli indigeni radunati sulla spiaggia mentre osservavano l'arrivo dell'armata di Cristoforo Colombo. Dice che è opinione comune che gli indigeni non fossero in grado di vedere le navi, sebbene queste si trovassero proprio di fronte a loro.

La Dottoressa Pert spiega che gli indigeni non erano in grado di vedere le navi perché nella loro mente non avevano un modello preesistente di nave. Solo lo sciamano, la cui curiosità lo ha portato a chiedersi da dove provenissero quelle strane increspature sull'acqua, dopo aver tentato di immaginare la causa di tutte quelle onde, è riuscito a scoprire le navi. Quando le ha scoperte, ne ha parlato agli altri membri della tribù e ha descritto ciò che aveva visto, così che anch'essi fossero in grado di vedere le navi.

In termini Cabbalistici, egli prende un *Kli* interiore per distinguere un oggetto esteriore. In effetti, i *Kelìm* (plurale di *Kli*) non solo scoprono la realtà esteriore, la creano! Di conseguenza, possiamo anche dire che l'armata di Cristoforo Colombo è esistita solo nella mente degli indigeni, nei *Kelìm* di coloro che l'hanno vista e hanno potuto parlarne.

Una finestra sulla Kabbalah

Se un albero cade nella foresta e nessuno lo sente, cadendo, fa comunque rumore?

Questo celebre *Koan* Zen (un genere particolare di enigma Zen) può anche essere espresso in termini cabbalistici: Se non ci fosse alcun *Kli* in grado di percepire il rumore dell'albero, come potremmo sapere che esso, cadendo, ha prodotto un rumore?

Allo stesso modo potremmo considerare la scoperta di Colombo secondo un *Koan* Zen e chiederci: prima che Colombo scoprisse l'America, l'America stessa esisteva?

Il mondo esteriore non esiste. Esistono invece i desideri, i *Kelìm* che creano il mondo esterno in funzione delle loro forme. Al di fuori di noi, vi è unicamente la Forma Astratta, il Creatore intangibile e impercettibile. Noi modelliamo il nostro mondo creando i nostri stessi strumenti di percezione, i nostri *Kelìm*.

Questo è il motivo per il quale, pregare il Creatore perché ci aiuti a superare le nostre sventure o perché migliori il mondo circostante, non è di alcun aiuto. Il mondo non è né buono, né cattivo; è solo un riflesso dello stato dei nostri *Kelìm*. Correggendo e migliorando i nostri *Kelìm*, anche il mondo sarà migliore. Il *Tikùn* è interiore, come pure il Creatore. Egli è il nostro io corretto.

Per un gufo, la notte in una foresta oscura rappresenta il miglior momento di visibilità. Per noi, è un'esperienza di cecità completa. La nostra realtà è la proiezione dei nostri *Kelìm* interiori. Ciò che chiamiamo "mondo reale" è il riflesso della nostra correzione interiore o della nostra corruzione. Viviamo in un mondo immaginario.

Se vogliamo elevarci al di sopra di questo mondo immaginario e andare verso il mondo reale, verso la vera percezione, dobbiamo adattarci ai veri modelli. In sostanza, tutto ciò che percepiamo è determinato solo dalla nostra composizione interiore, in funzione della quale elaboriamo questi modelli. Non vi è nulla da scoprire al di fuori di noi, niente da scoprire, eccetto la Luce Superiore astratta che agisce su di noi e rivela in noi una nuova immagine, conformemente al nostro livello di preparazione.

Ora, quello che ci resta da fare è scoprire dove trovare i *Kelìm* corretti. Esistono in noi o dobbiamo costruirli? Se dobbiamo costruirli, come fare? Questo sarà l'argomento dei prossimi paragrafi.

Il Pensiero della Creazione

I *Kelìm* sono gli elementi che costituiscono l'anima. I desideri sono i materiali da costruzione, i mattoni e le tavole di legno; le nostre intenzioni sono gli strumenti, i nostri cacciaviti, trapani e martelli.

Quando costruiamo una casa, abbiamo bisogno di un progetto, prima di iniziare i lavori. Sfortunatamente, il Creatore, l'Architetto del progetto, è reticente nel concedercelo. Egli, invece, desidera che noi apprendiamo ed eseguiamo il Piano Generale delle nostre anime in modo indipendente. Solo in questo modo potremo veramente comprendere il Suo Pensiero e divenire come Lui.

Per apprendere chi Egli sia, dobbiamo guardare attentamente ciò che Egli fa e dobbiamo imparare a comprenderLo attraverso le Sue azioni. Su questo punto, i Kabbalisti si esprimono in modo molto conciso: "Dalle Tue azioni, Ti conosceremo".

I nostri desideri, la materia prima dell'anima, esistono già. Egli ce li ha donati e dobbiamo solo imparare a usarli correttamente, applicando loro le intenzioni corrette. Così le nostre anime saranno corrette.

Come abbiamo detto in precedenza, le intenzioni corrette sono le intenzioni altruistiche. In altre parole, abbiamo bisogno di servirci dei nostri desideri per il bene degli altri e non per il nostro tornaconto. Agendo così, ne trarremo un beneficio, poiché facciamo tutti parte dell'anima di *Adam ha Rishòn*. Che ci piaccia o no, il fatto di nuocere a qualcuno si ritorce contro di noi, come un boomerang che ritorna al suo lanciatore con il medesimo vigore.

Facciamo il punto: un *Kli* corretto è un desiderio utilizzato con intenzioni altruistiche. Viceversa, un *Kli* corrotto è un desiderio utilizzato con intenzioni egoistiche. Servendoci di un *Kli* in modo altruistico, agiamo come il Creatore e in ciò saremo identici a Lui, quanto meno per quanto concerne questo particolare desiderio. È così che approfondiamo il Suo Pensiero.

L'unico problema, quindi, è cambiare le intenzioni nel momento in cui usiamo i nostri desideri. Affinché ciò avvenga, dobbiamo scoprire almeno un altro modo di usare i nostri desideri. Abbiamo bisogno di un esempio, di sapere a cosa queste altre intenzioni debbano assomigliare. In questo modo saremo in grado di decidere se vogliamo o meno cambiare le nostre intenzioni. Se non conosciamo altri modi di servirci dei nostri desideri, restiamo intrappolati in ciò che già abbiamo. In questo stato, come scoprire altre intenzioni? È una trappola oppure ci manca qualcosa?

I Kabbalisti ci spiegano che non ci manca nulla. È, sì, una trappola, ma ha una via d'uscita. Se seguiamo la via delle nostre *Reshimòt*, apparirà spontaneamente un esempio di un'altra intenzione. Riprendiamo ora il concetto di *Reshimòt* e vediamo come esse ci aiutano a sfuggire dalla trappola.

Reshimòt: ritorno al futuro

Alla fine del quarto capitolo abbiamo spiegato che *Reshimòt* significa letteralmente "registrazioni", informazioni sui nostri stati antecedenti. Ciascuna *Reshimò* (singolare di *Reshimòt*) che l'anima sperimenta lungo il suo percorso spirituale è tratta da una particolare "banca dati".

Durante la nostra ascensione nella scala spirituale, queste *Reshimòt* determinano il nostro cammino. Esse emergono una a una e noi torniamo a viverle. Quanto prima riusciremo a rivivere ciascuna *Reshimò*, tanto prima la completeremo per passare a quella successiva. Ciascuna *Reshimò* si trova su un gradino più alto nella scala rispetto a quella precedente.

Non possiamo cambiare l'ordine delle *Reshimòt*. Sono state impresse al momento della nostra discesa, tuttavia possiamo e dobbiamo determinare ciò che faremo con ciascuna di esse. Se restiamo passivi, aspettando che passino, impiegheremo molto tempo prima di viverle interamente e, prima che ciò accada, queste *Reshimòt* potrebbero causarci una grande sofferenza. Per questo motivo l'approccio passivo è chiamato "la via della sofferenza".

D'altra parte, possiamo scegliere un approccio attivo, cercando di considerare ciascuna *Reshimò* come "un nuovo giorno di scuola" cercando di scoprire cosa il Creatore sta tentando di insegnarci. Ci basta ricordare che questo mondo è il risultato di avvenimenti spirituali; questo sarebbe sufficiente per accelerare enormemente il passaggio delle *Reshimòt*. Questo approccio attivo è chiamato "la via della Luce", poiché i nostri sforzi ci hanno connesso al Creatore, alla Luce, mentre l'atteggiamento passivo continua a connetterci al nostro stato attuale.

In realtà, i nostri sforzi non devono necessariamente avere successo; lo sforzo in sé stesso è già sufficiente. Aumentando i nostri desideri di essere come il Creatore (altruisti), ci connettiamo ai livelli superiori, più spirituali.

Il processo del progresso spirituale somiglia moltissimo all'apprendimento di un bambino; è fondamentalmente un processo di imitazione. Imitando gli adulti, anche senza comprendere ciò che fanno, i bambini creano costantemente in sé stessi il *desiderio* di apprendere.

Notate bene: non è ciò che essi sanno che favorisce la loro crescita, bensì il semplice fatto di *voler sapere*. Il desiderio di conoscere è sufficiente per evocare in loro la *Reshimò* successiva, ovvero quella nella quale essi sanno già.

Esaminiamo tutto ciò da un altro punto di vista: al principio, il voler sapere non scaturisce da una loro scelta, ma dal fatto che la *Reshimò* attuale si è conclusa, permettendo a quella successiva di uscire allo scoperto. Perché il bambino possa scoprirla, la *Reshimò* deve evocare in lui il desiderio di conoscerla.

La *Reshimò* spirituale agisce in noi esattamente allo stesso modo. Non apprendiamo veramente nulla di nuovo in questo mondo o nel Mondo Spirituale, ma ascendiamo semplicemente al futuro.

Se vogliamo essere sempre di più donatori, ovvero come il Creatore, dobbiamo esaminarci costantemente per vedere se corrispondiamo alla descrizione che consideriamo spirituale (altruista). In questo modo, il nostro desiderio di essere più altruisti ci aiuterà a sviluppare una percezione più precisa e dettagliata di noi stessi, nel nostro rapporto con il Creatore.

Il fatto di non voler essere egoisti, spingerà i nostri desideri a evocare le *Reshimòt* che ci mostreranno cosa significa essere ancora più altruisti. Ogni volta che decidiamo di non servirci in maniera egoistica di un determinato desiderio, la *Reshimò* del nostro stato ha terminato il proprio compito e lascia il posto alla successiva. È l'unica correzione che dobbiamo intraprendere. Il Kabbalista Yehudà Ashlag riassume questo principio con le seguenti parole: "...si è corretto odiando il male (l'egoismo) con tutto il suo cuore".

Quindi spiega: "...se due amici arrivano a comprendere che uno detesta tutto ciò che il suo amico detesta e ama tutto ciò che il suo amico ama, avranno un legame perpetuo, che non sarà mai sciolto. Così, poiché il Creatore ama donare, coloro che lo amano devono cercare di desiderare solo di donare. Il Creatore detesta ricevere, in quanto è già completo e, quindi, non ha bisogno di nulla. Così anche l'uomo deve odiare il fatto di ricevere con fini personali. Ne consegue che dobbiamo detestare aspramente il fatto di ricevere, poiché tutte le distruzioni di questo mondo derivano unicamente dal desiderio di ricevere. Così, detestandolo, l'uomo riesce a correggerlo.

In questo modo, semplicemente volendolo, evochiamo le *Reshimòt* dei desideri più altruisti, che esistono in noi già dall'epoca in cui eravamo connessi nell'anima *di Adam ha Rishòn*. Queste *Reshimòt* ci correggono e ci fanno essere più simili al Creatore. Quindi, il desiderio (il *Kli)* è da un lato il motore del cambiamento, come abbiamo detto nel primo capitolo, e dall'altro il mezzo di correzione. Non abbiamo bisogno di sopprimere i nostri desideri, ma solamente imparare a servircene efficacemente per noi stessi e per tutti gli altri.

Riassumendo

Per percepire correttamente abbiamo bisogno di tre limiti.

1. Vi sono quattro categorie di Percezione: A) Materia, B) Forma rivestita della Materia, C) Forma Astratta e D) Essenza. Noi percepiamo solo le prime due.
2. Tutto ciò che percepisco avviene nella mia anima; la mia anima è il mio mondo e il mondo al di fuori di me è talmente astratto che non posso neanche dire con certezza se esiste o meno.

3. Ciò che percepisco è totalmente personale; non posso trasmetterlo a nessun altro. Posso raccontare ad altri la mia esperienza, ma essi la sperimenteranno a loro modo.

Quando percepisco qualcosa, la misuro e la valuto in funzione delle qualità dei miei strumenti di misura interiori. Se i miei strumenti sono difettosi, le mie misurazioni lo saranno altrettanto; pertanto, la mia immagine del mondo sarà distorta e incompleta.

Attualmente, valutiamo il mondo con i cinque sensi, tuttavia abbiamo bisogno di un sesto senso per misurarlo correttamente. Questo è il motivo per cui siamo incapaci di dirigere efficacemente il nostro mondo e di essere tutti felici.

In effetti, il sesto senso non è un senso fisico, ma un'intenzione. Essa spiega come servirci dei nostri desideri. Se utilizziamo la nostra intenzione per donare, invece che per ricevere, ovvero in maniera altruistica e non egoistica, percepiremo un mondo interamente nuovo. Questo è il motivo per cui la nuova intenzione viene chiamata "sesto senso".

Rivestendo i nostri desideri con un'intenzione altruistica, essi assomiglieranno a quelli del Creatore. Questa similitudine si chiama "equivalenza della forma" con il Creatore. Possederla, attribuisce alla persona la stessa percezione e conoscenza del Creatore. Solo il sesto senso (l'intenzione di donare) ci permette quindi di sapere veramente come comportarci in questo mondo.

Quando appare un nuovo desiderio, questo non è veramente nuovo. È un desiderio che esisteva già in noi e il cui ricordo era stato registrato nella banca dati della nostra anima, nelle *Reshimòt*. La catena delle *Reshimòt* ci conduce alla sommità della scala, il Pensiero della Creazione, e più velocemente saliremo, più rapidamente e piacevolmente compieremo il nostro destino.

Le *Reshimòt* affiorano una alla volta, al ritmo che determiniamo in base al nostro desiderio di progredire spiritualmente. Esse infatti provengono dal livello spirituale. Cercando di apprendere, di comprendere ciascuna *Reshimò*, queste si esauriscono più rapidamente e appare lo stato di comprensione (già esistente). Una volta compresa una *Reshimò*, emerge quella successiva, fino a che tutte le *Reshimòt* saranno state studiate e realizzate e saremo giunti al termine della nostra correzione.

CAPITOLO 6

Il sentiero (stretto) verso la libertà

Forse questo vi sorprenderà, ma possedete già solide conoscenze della Kabbalah. Ricapitoliamo: sapete che la Kabbalah nacque 5000 anni fa in Mesopotamia (l'odierno Iraq). È stata scoperta nel momento in cui le persone cercavano di dare un senso alla propria vita. Queste persone scoprirono che la ragione della loro venuta al mondo era di ricevere il piacere più elevato, quello di diventare come il Creatore. Fatta questa scoperta, fondarono gruppi di studenti e iniziarono a diffondere la conoscenza.

Questi primi Kabbalisti ci dissero che ciò che ci costituisce è solo il desiderio di ricevere, che hanno suddiviso in cinque livelli: inanimato, vegetale, animale, parlante e spirituale. Il desiderio di ricevere è molto importante perché è il motore di ogni nostra attività. In altre parole, cerchiamo sempre di ricevere piacere: più ne abbiamo, più lo ricerchiamo. Il risultato è che siamo in costante evoluzione.

Poi abbiamo appreso che la Creazione si è formata secondo un processo svoltosi in Quattro Fasi, dove la Radice (sinonimo di Luce e Creatore) ha creato il desiderio di ricevere; il desiderio di ricevere ha iniziato a voler donare e poi ha deciso di ricevere con il proposito di donare e infine ha desiderato nuovamente di ricevere. Ma questa volta voleva ricevere la conoscenza di come essere il Creatore, il *Donatore*.

Dopo le quattro fasi, il desiderio di ricevere è stato suddiviso in cinque mondi e un'anima, chiamata *Adam ha-Rishòn*. *Adam ha-Rishòn* si frammentò e si materializzò nel nostro mondo. In altri termini, tutti noi formiamo un'unica anima; siamo connessi e dipendenti gli uni dagli altri, come le cellule del nostro corpo. Ma quando il desiderio di ricevere è cresciuto, siamo diventati egocentrici e abbiamo smesso di sentirci una cosa sola. Oggi sentiamo solo noi stessi e quando ci rapportiamo con gli altri è solo per trarne piacere.

Questo stato egoista è chiamato "l'anima frammentata di *Adam ha-Rishòn*" e il nostro compito, come parte di tale anima è quello di correggerlo. In realtà, non dobbiamo correggerlo, ma dobbiamo essere coscienti del fatto che nel nostro stato attuale non possiamo sperimentare reali piaceri, in ragione della "legge del desiderio di ricevere": quando raggiungiamo ciò che desideriamo, non lo desideriamo più. Quando comprendiamo ciò, iniziamo a ricercare un modo per sfuggire a questa legge, la trappola dell'egoismo.

Cercare di liberarsi dall'ego porta al manifestarsi del "punto nel cuore", del desiderio di Spiritualità. Il "punto nel cuore" è come ogni altro desiderio, la sua intensità cresce e diminuisce secondo l'influenza dell'ambiente. Così, se vogliamo accrescere il nostro desiderio di Spiritualità, dobbiamo costruirci un ambiente che promuova la Spiritualità stessa. Quest'ultimo capitolo, il più importante del libro, spiega ciò che occorre fare per creare un ambiente favorevole alla Spiritualità a livello personale, sociale e internazionale.

L'oscurità prima dell'alba

Il momento più buio della notte è appena prima dello spuntare dell'alba. Allo stesso modo, gli autori del *Libro dello Zohar* scrissero, circa duemila anni fa, che il periodo più buio dell'umanità sarebbe giunto appena prima del risveglio spirituale. Per secoli tutti i Kabbalisti a partire dall'Ari, l'autore di *"L'Albero della Vita"* che visse nel XVI secolo, hanno scritto che il periodo di cui parlava lo *Zohar*, era la fine del XX secolo. Essi hanno chiamato questo periodo "l'ultima generazione".

Non intendevano dire che saremmo periti tutti a causa di un evento apocalittico e spettacolare. Nella Kabbalah, l'ultima generazione rappresenta uno stato spirituale. L'ultima generazione è l'ultimo stato, il più *elevato* che possa essere raggiunto. I Cabbalisti dissero anche che l'epoca nella quale viviamo, l'inizio del XXI secolo, avrebbe visto la generazione dell'ascesa spirituale.

I Kabbalisti aggiunsero, inoltre, che affinché questo cambiamento potesse verificarsi, non avremmo potuto continuare a evolvere come abbiamo fatto finora. Dissero che, oggi, sarebbe occorsa una scelta cosciente e libera per garantire la nostra evoluzione.

Così come ogni inizio e ogni nascita, anche la comparsa dell'ultima generazione, la generazione del libero arbitrio, non è un processo facile. Finora siamo evoluti seguendo i nostri desideri più bassi, dall'inanimato fino all'essere parlante, trascurando il livello spirituale. Oramai, le *Reshimòt* spirituali (che possiamo considerare come i nostri geni spirituali) riemergono in milioni di persone e chiedono di realizzarsi nella vita quotidiana.

Quando queste *Reshimòt* emergono in un individuo, appare la frustrazione e poi la depressione, fintantoché egli apprende a entrare in relazione con questi nuovi desideri. Ciò succede, generalmente, applicando la saggezza della Kabbalah, la quale fu concepita proprio per far fronte alle *Reshimòt* spirituali, come abbiamo detto nel Capitolo 1.

Se, invece, non riesce a trovare una soluzione, l'individuo può piombare in uno stato di dipendenza dal lavoro o da qualsiasi altra cosa, nel tentativo di sopprimere il problema dei nuovi desideri; tutto questo per evitare di affrontare un male incurabile.

A livello personale, tale situazione è molto stressante, anche se non rappresenta un problema sufficientemente grave da destabilizzare la struttura sociale. Al contrario, quando le *Reshimòt* spirituali compaiono contemporaneamente in milioni di persone e, in particolare, quando ciò si produce simultaneamente in molti paesi del mondo, abbiamo a che fare con una crisi globale. E una crisi globale richiede una soluzione globale.

È evidente a tutti che oggi l'umanità attraversa una crisi globale. La depressione raggiunge livelli senza precedenti, in Europa come in tutti i paesi sviluppati. Già nel 2001, l'Organizzazione Mondiale della Sanità rilevava che "la depressione è la causa principale d'invalidità negli Stati Uniti e nel mondo".

Un altro grave problema della società moderna è l'inquietante impennata nel consumo di droghe. L'uso di droghe è sempre esistito; ma, nel passato, venivano impiegate solo a fini terapeutici o per riti propiziatori, mentre ai nostri giorni le droghe vengono consumate in età sempre più precoce, principalmente per alleviare il vuoto emotivo sperimentato da molti giovani. L'aumento della depressione ha causato un aumento nel consumo di droghe come anche dei problemi di delinquenza legati alla droga.

Neppure l'unità della famiglia viene risparmiata. L'istituzione familiare, una volta simbolo di stabilità, calore e rifugio, non lo è più. Ormai una coppia su due divorzia, dato rilevabile in tutto il mondo occidentale.

Oggi come oggi non occorre più che le coppie attraversino crisi spaventose per arrivare al divorzio; perfino le coppie tra i 50 e i 60 anni non trovano più una ragione per restare insieme una volta che i figli hanno lasciato la casa. Poiché le loro entrate sono assicurate, non temono di ricominciare una nuova pagina a una certa età, mentre, fino a qualche anno fa, iniziare una procedura di divorzio in età avanzata era considerata una cosa inaccettabile. Questo fenomeno ha un nome abbastanza significativo: la "sindrome del nido vuoto". In fin dei conti, queste persone divorziano perché i figli non vivono più con loro e non esiste più alcun legame che possa mantenere insieme la coppia, perché ormai l'amore è svanito.

Questo è il vero vuoto: l'assenza d'amore. Se solo ricordassimo che siamo stati creati egoisti da una forza che desidera donare, avremmo forse l'occasione di uscirne. Quanto meno sapremmo da che parte cominciare per cercare una soluzione.

La crisi è unica, non soltanto per il fatto che è globale, ma anche nella sua diversità, rendendone più ampia e complessa la comprensione. Questa crisi tocca quasi ogni campo dell'umanità: personale, sociale, internazionale, scientifico, medico e ambientale. Per esempio, fino a poco tempo fa, "il tempo" era solo un argomento da affrontare quando non c'era nessun altro tema di cui parlare. Oggi invece siamo tutti sensibili all'argomento dei cambiamenti climatici. Fra i principali argomenti di discussione oggi vi sono i cambiamenti climatici, il riscaldamento globale, l'innalzamento degli oceani e l'arrivo di nuovi tornado.

"Il grande disgelo" è il titolo ironico che Geoffrey Lean ha dato a un suo articolo su *The Independent* del 20 novembre 2005 per riassumere lo stato del pianeta. Il titolo completo recita così: "Il grande disgelo: si prevede un enorme disastro se la calotta glaciale della Groenlandia dovesse sciogliersi". Il sottotitolo è ancora più esplicito: "Gli scienziati sono convinti che lo scioglimento è più rapido del previsto".

Il clima non è l'unico disastro che si profila all'orizzonte. Il numero del 22 giugno 2006 del mensile *Nature* ha pubblicato uno studio dell'Università di California secondo il quale la faglia di Sant'Andrea è ora pronta per il *big one*, il terremoto di forte magnitudo atteso in California. Secondo Youri Fialko dell'Istituto Scripps di Oceanografia dell'Università della California, "la faglia rappresenta un importante rischio sismico ed è pronta a provocare un altro grande terremoto".

Nel caso dovessimo sopravvivere alle tempeste, ai terremoti, all'innalzamento delle acque, ci sarebbe sempre da qualche parte un Bin Laden a ricordarci che la nostra vita potrebbe essere molto più breve del previsto.

Anche i problemi di salute richiedono la nostra attenzione: l'AIDS, l'influenza aviaria, la mucca pazza si aggiungono alle vecchie conoscenze quali il cancro, le malattie cardiovascolari, il diabete e così via. Potremmo citarne molte altre, ma probabilmente ci siamo spiegati. Anche se alcuni di questi problemi di salute non sono certamente una novità, li menzioniamo perché essi si stanno propagando rapidamente in tutto il mondo.

Per concludere, un antico proverbio cinese dice: «Se vuoi maledire qualcuno, digli: "Che tu possa vivere dei momenti interessanti".» La nostra epoca è effettivamente molto interessante, ma questa non è una maledizione. È ciò che il *Libro dello Zohar* aveva promesso, l'oscurità prima dell'alba. Vediamo ora se esiste una soluzione.

Il perfezionamento del mondo in quattro passi

Per cambiare il mondo sono necessarie solo quattro passi.

1. Ammettere la crisi.
2. Scoprirne la causa.
3. Determinare la soluzione migliore.
4. Concepire un piano per risolvere la crisi. Concentriamoci su questi quattro passi, uno alla volta.

1. Ammettere la crisi

Esistono numerose ragioni per le quali molti di noi non sono ancora coscienti della crisi. I governi e i grandi gruppi internazionali dovrebbero essere i primi a proporre una soluzione, ma conflitti interni impediscono una cooperazione effettiva nella gestione della crisi. Tanto più che molti non avvertono alcun problema che minacci la loro vita privata, per cui rinunciamo a priori ad affrontarla, malgrado l'impellente necessità per evitare che la situazione peggiori.

Il più grande ostacolo è che non abbiamo alcuna memoria di uno stato così precario; di conseguenza siamo incapaci di valutare correttamente la situazione. Questo non vuol dire che non si siano mai verificate catastrofi, ma che la nostra epoca è unica, perché ciò che accade si produce su tutti i fronti, contemporaneamente, in tutti gli aspetti della vita e in tutto il mondo.

2. Scoprirne la causa

Una crisi si produce quando due elementi entrano in conflitto e l'elemento superiore impone le proprie leggi a quello inferiore. La natura umana, l'egoismo, sta scoprendo fino a quale punto è opposta alla Natura, l'altruismo. Questo è il motivo per il quale sempre più persone si sentono afflitte e depresse, incerte e deluse.

In breve, la crisi non sta in realtà accadendo fuori di noi. Anche se, indiscutibilmente, può sembrare che si rivesta di una parte fisica, essa ha luogo in noi. È una lotta titanica tra il bene (l'altruismo) e il male (l'egoismo). Che tristezza proviamo nel giocare il ruolo dei cattivi nel reality show della vita! Ma non dobbiamo perdere la speranza: la storia ha un lieto fine.

3. Determinare la soluzione migliore

Più riconosciamo la vera causa della crisi, cioè il nostro egoismo, più ci rendiamo conto delle trasformazioni che devono avvenire in noi e nella società. Agendo in questo modo saremo in grado di disinnescare la crisi, per condurre la società e l'ecologia a soluzioni positive e costruttive. Valuteremo meglio questi cambiamenti quando analizzeremo il concetto di libero arbitrio.

4. Concepire un piano per risolvere la crisi

Una volta conclusi i primi tre passi del piano, lo potremo presentare più in dettaglio. Comunque, anche il miglior piano non può riuscire senza il sostegno attivo delle organizzazioni internazionali. Il piano deve essere concepito su larga scala, con il supporto internazionale di scienziati, pensatori, politici, il supporto delle Nazioni Unite, dei media e delle organizzazioni sociali.

In realtà, poiché passiamo da un livello di desiderio al successivo, tutto ciò che avviene ora ha origine nel livello spirituale del desiderio. Ricordandoci che ci troviamo in questo livello, potremmo servirci della conoscenza di coloro che hanno già raggiunto la Spiritualità, esattamente come utilizziamo le conoscenze scientifiche.

I Kabbalisti che hanno già raggiunto i Mondi Spirituali, la Radice del nostro mondo, sanno che sono le *Reshimòt* (le Radici spirituali) a causare questo stato e pertanto possono guidarci nel risolvere i problemi che stiamo affrontando, partendo dalla loro origine, nel Mondo Spirituale. In questo modo risolveremo la crisi facilmente e velocemente, poiché sapremo il motivo per cui essa si è prodotta e sapremo, di conseguenza, come reagire. Potete vederla anche in questo modo: se conosceste qualcuno in grado di prevedere il risultato del lotto, non vorreste averli al vostro fianco mentre compilate la schedina?

Non si tratta di magia, ma solo della conoscenza delle regole del gioco nel Mondo Spirituale. Attraverso gli occhi di un Kabbalista non siamo in crisi, ma solo un po' disorientati, ecco perché continuiamo a "puntare sui numeri sbagliati". Quando finalmente troveremo la nostra via, risolvere questa crisi, inesistente, (e anche vincere al lotto) diventerà un gioco da ragazzi. La bellezza della sapienza Kabbalistica è il fatto che non ha "diritti d'autore"; appartiene a tutti.

Conoscere i nostri limiti

Un'antica preghiera

Signore, concedimi la forza di cambiare ciò che posso cambiare, il coraggio di accettare ciò che non posso cambiare e la saggezza di discernere tra le due.

Ai nostri occhi, siamo esseri viventi unici e indipendenti. È un tratto comune a tutti noi. Pensate ai secoli di battaglie che l'umanità ha dovuto attraversare, per ottenere quel poco di libertà individuale che abbiamo oggi.

Ma non siamo i soli a soffrire la mancanza di libertà. Nessuna creatura si lascia catturare senza combattere. È una caratteristica naturale reagire a ogni forma di prevaricazione. Ciononostante, anche se comprendiamo che tutte le creature meritano di essere libere, questo non significa che siamo in grado di capire il *vero* significato del termine libertà e come esso sia legato al processo di correzione dell'egoismo umano.

Se ci chiediamo in tutta onestà il vero significato della libertà, probabilmente scopriremo che, ancor prima di aver trovato una spiegazione, molte delle nostre idee in merito non sono pertinenti. Prima ancora di poter discutere della libertà, dobbiamo capire che cosa significa, veramente, essere liberi.

Per sapere se comprendiamo il concetto di libertà, dobbiamo guardare dentro noi stessi e scoprire se siamo in grado di compiere un atto libero e volontario. Poiché il nostro desiderio di ricevere cresce costantemente, siamo continuamente sollecitati a ricercare un tipo di vita migliore e più gratificante. Ma poiché siamo presi nell'ingranaggio della corsa al successo, non abbiamo possibilità di scelta.

D'altra parte, se il nostro desiderio di ricevere è la causa di tutti questi problemi, forse esiste un mezzo per controllarlo. Se ci riuscissimo, forse potremmo controllare questa corsa. Altrimenti, senza alcun controllo, tutto diventerebbe come una partita persa in partenza.

Ma se noi siamo i perdenti, chi è il vincitore? Con chi (o cosa) siamo in competizione? Noi governiamo la nostra vita come se tutto dipendesse dalle nostre decisioni. Ma è veramente così? Non sarebbe meglio rinunciare a cambiare la nostra vita e seguire la corrente?

Da un lato abbiamo appena detto che la Natura rifiuta ogni prevaricazione. Ma dall'altro, la Natura non ci mostra quale, eventualmente, dei nostri atti è veramente libero e quando invece siamo ingannati da un invisibile Burattinaio che ci fa credere di essere liberi.

Di più: se la Natura funziona secondo un Piano Generale, queste domande e queste incertezze fanno parte di questo schema? Forse esiste una ragione occulta che ci fa sentire perduti e perplessi? Forse la confusione e la disillusione sono il modo in cui il Burattinaio ci dice: "Attenzione! Fate attenzione a dove andate, perché se state cercando Me, state guardando nella direzione sbagliata".

Solo pochi non sono convinti che siamo effettivamente disorientati. Ma per capire dove dobbiamo andare, dobbiamo sapere dove cominciare a guardare. Questo ci risparmierebbe anni di inutili sforzi. La prima cosa che dobbiamo scoprire è dove troviamo il libero arbitrio e dove invece no. In questo modo sapremo dove concentrare i nostri sforzi.

Le redini della vita

Tutta la Natura obbedisce a una sola legge: la "Legge del piacere e della sofferenza". Se l'unica materia della Creazione è il desiderio di ricevere piacere, allora è richiesta una sola regola di condotta: l'attrazione verso i piaceri e il rifiuto delle sofferenze.

Noi esseri umani non facciamo eccezione a questa regola. Seguiamo un programma predeterminato che governa ogni nostra mossa: ricevere di più e lavorare meno e, se possibile, ottenere gratuitamente ogni cosa desiderata! Quindi, in tutto ciò che facciamo, anche se non ne siamo coscienti, cerchiamo sempre di scegliere il piacere e di evitare la sofferenza.

Anche quando ci sembra di sacrificarci, riceviamo in effetti più piacere dal "sacrificio" che da qualsiasi altra cosa. La ragione che ci spinge a ritenere di possedere motivazioni altruiste è che preferiamo ingannarci, piuttosto che dirci la verità. Come ha detto Agnes Repplier (1855-1950): "Ci sono poche nudità altrettanto spiacevoli che la nuda verità".

Nel Capitolo 3 abbiamo detto che la Seconda Fase donava, anche se in realtà essa era motivata dallo stesso desiderio di ricevere della Prima Fase. Questa è la Radice di ogni nostra azione "altruista", quando "doniamo" agli altri.

Come vediamo, tutto ciò che facciamo segue un "calcolo del profitto". Per esempio, calcolo il prezzo di un bene in base al potenziale vantaggio che ne trarrò. Se ritengo che il piacere (o l'assenza di sofferenza) che trarrò dal possesso dell'oggetto, sarà superiore del prezzo pagato, dirò al mio "contabile interiore": "Compra! Compra! Compra!".

Adottando differenti valutazioni del bene e del male, possiamo cambiare le nostre priorità e anche "addestrarci" fino a diventare intrepidi. Possiamo perfino rendere lo scopo talmente importante ai nostri occhi, da cancellare ogni difficoltà che incontriamo nel nostro tentativo di conseguirlo.

Se per esempio aspiro allo stato sociale e allo stipendio di un medico famoso, compirò grandi sforzi e mi prenderò la briga di studiare seriamente per anni alla facoltà di medicina, mi priverò di ore di sonno durante l'internato, nella sola speranza, un giorno, di essere ricompensato dalla fama e dalla fortuna.

Alle volte il calcolo della sofferenza immediata in vista d'un futuro promettente è talmente naturale che neppure ce ne accorgiamo. Per esempio, se mi ammalassi e scoprissi che solo un intervento chirurgico potrebbe salvarmi la vita, acconsentirei all'operazione. Anche se l'operazione è tutt'altro che piacevole e può mettere a rischio la mia vita, non è minacciosa quanto la mia malattia. In certi casi, sarei anche pronto a pagare somme colossali pur di essere fuori pericolo.

Cambiare la società per cambiare me stesso

La Natura non ci "condanna" solo a rifuggire costantemente dalla sofferenza e perseguire sempre i piaceri, ci toglie anche la capacità di discernere quale genere di piacere cerchiamo. In altre parole, non possiamo controllare ciò che vogliamo e i desideri emergono in noi senza preavviso e senza chiedere la nostra opinione.

D'altra parte, la Natura non solo ha creato i nostri desideri, ci ha anche fornito un mezzo per controllarli. Se ricordassimo che facciamo parte di un'unica anima, quella *di Adam ha-Rishòn*, allora sarebbe per noi più facile vedere che l'unico mezzo per controllare i nostri desideri è quello di influenzare tutta l'anima, cioè l'umanità intera, o almeno una parte di essa.

Consideriamo la cosa sotto un'altra prospettiva: se una singola cellula del nostro corpo vuole andare a sinistra, mentre il resto del corpo vuole andare a destra, la cellula sarà obbligata ad andare a destra. Ed è proprio ciò che accadrà, a meno che riesca a convincere tutto il corpo, o almeno la maggior parte delle cellule, ovvero il "governo" del corpo, che è preferibile andare a sinistra.

Allo stesso modo, non possiamo controllare i nostri desideri, ma è la società a controllarli. E poiché possiamo controllare la scelta della società in cui viviamo, possiamo scegliere il tipo di società, che ci influenzerà nel modo che riteniamo il migliore. In altre parole, possiamo usare la nostra influenza sulla società per controllare i nostri desideri. Controllando i nostri desideri controlliamo i nostri pensieri e, di conseguenza, le nostre azioni.

Il *Libro dello Zohar,* quasi duemila anni fa, ha già descritto l'importanza della società. Ma solo nel XX secolo, ora che ci siamo resi conto che dipendiamo tutti gli uni dagli altri per sopravvivere, l'utilizzo efficace della nostra dipendenza sociale è divenuto vitale per il progresso spirituale. L'estrema importanza della società è un messaggio che il Kabbalista Yehudà Ashlag ha ben chiarito in molti dei suoi scritti; se riuscissimo a seguire il suo pensiero, comprenderemmo anche il perché.

Ashlag afferma che il più grande desiderio di una persona, che lo ammetta o meno, è quello di essere apprezzato dagli altri e di conquistare la loro approvazione. Questo, non solo ci dà fiducia in noi stessi, ma consolida anche il nostro bene più prezioso: il nostro ego. Senza l'apprezzamento della società, sentiamo che la nostra stessa esistenza viene ignorata e nessun ego può tollerare ciò. Questo è il motivo per cui certe persone giungono all'estremo pur di attirare l'attenzione.

Poiché il nostro più grande desiderio è di conquistare un certo livello di considerazione sociale, questo ci spinge ad adattarci alle leggi del nostro ambiente e ad adottarle come nostre. Queste leggi non determinano solo il nostro comportamento, ma modellano anche il nostro atteggiamento e approccio nei confronti di tutto ciò che facciamo e pensiamo.

Questa situazione ci rende incapaci di scegliere qualunque cosa: dal nostro stile di vita, ai nostri interessi, dalla gestione del nostro tempo libero, fino alla nostra alimentazione e al nostro abbigliamento. Anche se decidiamo di vestirci in maniera anticonformista o senza preoccuparci di quello che indossiamo, cerchiamo comunque di essere indifferenti a un *certo codice sociale*, che abbiamo deciso di ignorare. In altre parole, se la moda che abbiamo scelto di ignorare non esistesse, non dovremmo ignorarla e avremmo probabilmente scelto un abbigliamento differente. In fin dei conti, l'unico modo per cambiare noi stessi consiste nel modificare le norme sociali del nostro ambiente.

I quattro fattori

Ma se non siamo altro che il prodotto del nostro ambiente e se non esiste vera libertà in tutto ciò che facciamo, pensiamo e vogliamo, possiamo essere ritenuti responsabili delle nostre azioni? E se non ne siamo responsabili, chi lo è?

Per rispondere a tali domande, dobbiamo prima di tutto conoscere i quattro fattori che ci compongono e capire come operare su di essi per acquisire il libero arbitrio. Secondo la Kabbalah, infatti, siamo tutti controllati da quattro fattori.

1. Il "letto", chiamato anche "materia primordiale".
2. Gli attributi immutabili del letto.
3. Gli attributi che cambiano sotto l'influenza di forze esterne.
4. I cambiamenti dell'ambiente esterno.
5. Vediamo qual è il loro significato per noi.

1. Il letto, la materia primordiale.

La nostra essenza immutabile è chiamata "il letto". Posso essere felice o triste, riflessivo o impulsivo, solitario o socievole; qualsiasi sia il mio umore o la società in cui vivo, il mio *io* fondamentale non cambia.

Per comprendere il concetto dei quattro fattori, immaginiamo il ciclo di crescita delle piante. Consideriamo una spiga di grano. Quando il seme del grano cade e si decompone, perde la propria forma. Ciononostante, da questo seme potrà apparire solo una nuova spiga di grano e nient'altro. Questo perché il "letto" non è cambiato, l'essenza del seme resta quella del grano.

2. Gli attributi immutabili del letto.

Così come il letto è immutabile e il grano produrrà sempre una nuova spiga di grano, è immutabile anche il modo in cui si sviluppa un seme di grano. Una sola spiga può produrne molte altre nel suo nuovo ciclo di vita e il numero e la qualità di queste nuove piante potrà cambiare, ma il "letto" di per sé, l'essenza della forma del grano resterà immutabile. In pratica, da un seme di grano non può nascere altra pianta che il grano e tutte le piante di grano attraverseranno sempre lo stesso ciclo di sviluppo, dal momento in cui spunterà il primo germoglio fino al loro deperimento.

Avviene lo stesso anche per i bambini, che attraversano varie fasi. Ecco perché sappiamo, pressappoco, quando un bambino deve cominciare a sviluppare certe attitudini e quando può cominciare a mangiare certi alimenti. Senza questo modello determinato, saremmo incapaci di stabilire la curva di crescita dei bambini (o di qualunque altra cosa).

3.   *Gli attributi che cambiano sotto l'influenza di forze esterne.*

Benché il grano resti sempre lo stesso, il suo aspetto può cambiare sotto l'influenza di fattori ambientali quali la luce, il suolo, i fertilizzanti, l'umidità e la pioggia. Pertanto, anche se il grano resta grano, il suo "involucro", ovvero gli attributi dell'essenza del grano, possono cambiare in base a elementi esterni.

Analogamente, il nostro umore cambia in compagnia di certe persone oppure in differenti situazioni, anche se noi (i "letti") restiamo sempre gli stessi. Quando l'influenza dell'ambiente è prolungata, essa può cambiare non solamente il nostro umore, ma anche il nostro carattere. L'ambiente non crea in noi nuovi tratti del carattere, ma il fatto di essere tra certe persone incoraggia certi aspetti della nostra natura e li attiva più che in passato.

4.   *I cambiamenti nell'ambiente esterno.*

L'ambiente che influenza il grano, è influenzato a sua volta da altri fattori esterni quali i cambiamenti climatici, la qualità dell'aria e le piante circostanti. Questo è il motivo per cui facciamo crescere le piante nelle serre e fertilizziamo il suolo. Cerchiamo di creare l'ambiente più favorevole alla crescita delle piante.

Nella nostra società cambiamo costantemente il nostro ambiente: consigliamo nuovi prodotti, eleggiamo governi, frequentiamo varie scuole e trascorriamo il nostro tempo con gli amici. Di conseguenza, per controllare la nostra crescita dovremmo apprendere a controllare il genere di persone con cui trascorriamo il nostro tempo, ma soprattutto quelli con cui vorremmo stare. Sono queste le persone che ci influenzeranno maggiormente.

Se desideriamo correggerci, diventare altruisti, dobbiamo scoprire quali cambiamenti sociali incoraggeranno la nostra correzione, per poi seguirli. Utilizzando quest'ultimo fattore, i cambiamenti nell'ambiente esterno, possiamo modellare la nostra essenza, cambiare gli attributi del "letto" e, di conseguenza, determinare il nostro destino. Questo è il momento in cui disponiamo del libero arbitrio.

Scegliere l'ambiente adatto per la correzione

Anche se non possiamo determinare gli attributi del nostro "letto", possiamo influenzare la nostra vita e il nostro destino scegliendo il nostro ambiente sociale. In altre parole, poiché il nostro ambiente influenza gli attributi del "letto", possiamo determinare il nostro avvenire costruendo il nostro ambiente in modo che promuova gli obiettivi che ci siamo prefissi.

Una volta scelta la direzione e dopo aver predisposto un ambiente adatto, posso servirmi della società come propulsore per accelerare il mio progresso. Se volessi guadagnare del denaro, potrei circondarmi di persone con lo stesso desiderio, che parlino in continuazione di soldi e che operino sulla base di questo obiettivo. Di conseguenza comincerei a operare anch'io allo stesso modo, trasformando il mio cervello in una fucina di nuovi schemi di guadagno.

Analogamente, se volessi perdere peso, potrei contornarmi di persone che pensano, parlano e incoraggiano gli altri a dimagrire. In effetti posso fare ancora meglio: posso rafforzare l'influenza di tale ambiente con libri, film e articoli di giornale. Ogni mezzo che aumenti e rafforzi in me il desiderio di perdere peso.

Tutto dipende dall'ambiente. L'associazione Alcoolisti Anonimi, i centri di disintossicazione, Weight Watchers, tutti utilizzano la forza della società per aiutare le persone che da sole non ce la farebbero. Se ci servissimo correttamente del nostro ambiente, potremmo raggiungere obiettivi che non oseremmo nemmeno sognare. La cosa più bella è che non avvertiremmo neanche gli sforzi per arrivarci.

Una finestra sulla Kabbalah

"Chi si somiglia si piglia"

Nel primo capitolo, abbiamo parlato del principio dell'"equivalenza della forma". Lo stesso principio si applica anche qui, ma a livello fisico. Le persone simili si sentono bene insieme perché hanno gli stessi desideri e gli stessi pensieri. Come dice il proverbio: "Chi si somiglia si piglia". Ma possiamo anche invertire questo processo: cambiando il nostro ambiente possiamo decidere che genere di persone vogliamo diventare.

Il desiderio di Spiritualità non fa eccezione. Se desidero la Spiritualità e se voglio far crescere in me questo desiderio, devo solo circondarmi di amici, libri e film adatti. La natura umana farà il resto. Se un gruppo di persone decide di divenire come il Creatore, niente può ostacolare il loro cammino, neppure il Creatore stesso. I Kabbalisti dicono a proposito: "I Miei figli Mi hanno vinto".

Allora perché non assistiamo a una corsa verso la Spiritualità? Ebbene, vi è un piccolo problema: *non è possibile sperimentare la Spiritualità prima di averla raggiunta.* Il problema è che, senza vedere, né sperimentare la meta, è molto difficile desiderarla. Abbiamo già visto, infatti, come sia estremamente difficile ottenere qualcosa senza provarne un grande desiderio.

Pensiamola in questo modo: tutto ciò che desideriamo in questo mondo è solo il risultato di una certa influenza esterna, esercitata su di noi. Se amo la birra è perché i miei amici, i miei genitori, la televisione, qualcosa o qualcuno, in un certo qual modo mi ha suggerito che la birra è buonissima. Se mi auguro di diventare un avvocato, è perché la società mi ha trasmesso l'impressione che la professione di avvocato sia di un certo interesse.

Ma dove trovare, nella società, qualcuno o qualcosa che mi dica che essere come il Creatore è una cosa formidabile? Inoltre, se tale desiderio non esiste nella società, come è possibile che sia apparso improvvisamente in me? È sorto dal nulla?

No, non dal nulla, esso proviene dalle *Reshimòt.* È una memoria del futuro. Spieghiamolo meglio. Nel Capitolo 4 abbiamo detto che le *Reshimòt* sono registrazioni, ricordi scritti in noi quando eravamo su un piano più elevato della scala spirituale. Queste *Reshimòt* riposano nel nostro subcosciente ed emergono una a una, evocando nuovi o più intensi desideri dai nostri stati passati.

Inoltre, poiché *noi tutti* eravamo a un livello più elevato della scala spirituale, *noi tutti*, al momento giusto, avvertiremo il risveglio del desiderio di tornare a questo stato spirituale: il livello spirituale dei desideri. Questo è il motivo per cui le *Reshimòt* rappresentano le memorie dei nostri stati futuri.

Di conseguenza la domanda non dovrebbe essere "Come mai provo un desiderio per qualcosa che l'ambiente non mi ha trasmesso?", ma, piuttosto, "Una volta che questo desiderio è in me, cosa ne debbo fare?" La risposta è semplice: consideratelo come ogni altra cosa che volete ottenere: pensateci, parlatene, documentatevi ed esprimete la vostra gioia. Fate tutto ciò che potete perché diventi una cosa importante e vedrete che i vostri progressi accelereranno proporzionalmente.

Nel sesto episodio della Mishnà (testo Cabbalistico scritto all'inizio del terzo secolo), che si chiama "Pirkei Avo't" (i capitoli degli Avi) si racconta la storia (vera) di un uomo saggio, Rabbi Yosi Ben Kisma, il più grande Kabbalista della sua epoca. Un giorno, un ricco mercante di una di una città vicina lo andò a trovare, proponendogli di venire ad abitare nella sua città, per aprire un centro di studio per persone in cerca di saggezza. Il mercante spiegò che nella sua città non si trovavano uomini saggi e che la città aveva bisogno di guide spirituali. Naturalmente promise al Rabbi Yosi che si sarebbe preso carico di tutte le sue necessità personali e pedagogiche, retribuendolo generosamente.

Con grande sorpresa del mercante, Rabbi Yosi rifiutò risolutamente la proposta, affermando che in nessun caso si sarebbe trasferito in un luogo dove non si trovavano altri saggi.

Sconcertato, il mercante tentò di discutere e disse a Rabbi Yosi che egli era il più grande saggio della generazione e che, dunque, non aveva certo bisogno di apprendere da qualcun altro.

"Tanto più", aggiunse il mercante, "che venendo ad abitare nella nostra città e insegnando alla gente, renderesti un grande servizio spirituale, dato che nella tua città vi e già un gran numero di saggi, mentre da noi non ve n'è alcuno. Sarebbe un grande contributo spirituale per tutta la generazione. Il grande Rabbi Yosi può almeno considerare la mia proposta?".

Rabbi Yosi rispose risoluto: "Anche il più grande dei saggi perderebbe rapidamente la propria saggezza risiedendo tra persone poco sagge". Non è che Rabbi Yosi non volesse aiutare gli abitanti della città del mercante, ma sapeva che, senza un ambiente adeguato a sostenerlo, avrebbe perso doppiamente: non sarebbe riuscito a illuminare i propri studenti e avrebbe perso il proprio livello spirituale.

Non si tratta di anarchici

Questi ultimi paragrafi potrebbero farvi pensare che i Kabbalisti siano solo anarchici che vogliono sconvolgere l'ordine sociale incoraggiando la costruzione di una società orientata verso la Spiritualità. Tutto il contrario!

Yehudà Ashlag spiega molto chiaramente, e ogni sociologo o antropologo lo potrebbe confermare, che gli esseri umani sono creature sociali. In altre parole, non abbiamo altra scelta se non quella di vivere in società, perché tutti deriviamo da una stessa anima. Di conseguenza è evidente che ci dobbiamo conformare alle regole della società nella quale viviamo, preoccupandoci della qualità della vita. L'unico modo per fare questo è aderire alle leggi della società in cui viviamo.

Tuttavia, Ashlag spiega anche che in ogni situazione che *non* è correlata alla società, la società non ha né il diritto, né la legittimità di limitare o di opprimere la libertà dell'individuo. Ashlag, si spinge oltre, chiamando "criminali" tutti coloro che si comportano in questo modo e affermando che, in materia di progresso spirituale di un individuo, la Natura non lo obbliga a seguire la volontà della maggioranza. Al contrario, la crescita spirituale è responsabilità personale di ognuno di noi. Agendo in questo modo, non solo miglioriamo la nostra vita, ma tutte le vite del mondo intero.

È fondamentale comprendere la separazione tra i nostri obblighi nei confronti della società in cui viviamo e la nostra personale crescita spirituale. Sapere dove fissare la linea di demarcazione e come contribuire a entrambi, ci libererà da molte confusioni e idee sbagliate sulla Spiritualità. La regola di vita dovrebbe essere semplice e molto chiara: nella nostra vita quotidiana rispettiamo la legge; nella nostra vita spirituale siamo liberi di evolvere individualmente. Ne consegue che la libertà individuale può essere ottenuta solo con una nostra scelta di evoluzione spirituale, sulla quale nessun altro deve interferire.

L'inevitabile morte dell'ego

Chi ama la libertà, ama gli altri.
Chi ama il potere, ama solo se stesso.

William Hazlitt (1778-1830)

Ricapitoliamo le fondamenta della Creazione. La sola cosa che il Creatore ha creato è il nostro desiderio di ricevere, il nostro egoismo. Questa è la nostra essenza. Imparando a "disattivare" il nostro egoismo, ripristiniamo il nostro legame con il Creatore, poi ché senza egoismo potremo riconquistare l'equivalenza della forma con Lui, come avviene nei Mondi Spirituali. La disattivazione del nostro egoismo è l'inizio dell'ascesa della scala spirituale, l'inizio del processo di correzione.

È il lato ironico della Natura: coloro che indulgono nei piaceri egoistici non possono essere felici. Ciò dipende da due motivi. Innanzitutto, come abbiamo già spiegato nel Capitolo 1, l'egoismo è una trappola: non appena otteniamo ciò che desideriamo, non lo desideriamo più. In secondo luogo, un desiderio egoistico gode non solo della soddisfazione dei propri capricci, ma dell'insoddisfazione degli altri.

Per capire meglio il secondo motivo, torniamo al principio di base. La Prima Fase (delle Quattro Fasi fondamentali) desidera solo ricevere piacere. La Seconda Fase è già più sofisticata: desidera ricevere piacere donando, poiché donare è l'essenza del Creatore. Se il nostro sviluppo si fosse arrestato alla Prima Fase, saremmo stati soddisfatti nell'istante stesso in cui i nostri desideri fossero stati soddisfatti, indipendentemente da ciò che avevano gli altri.

Tuttavia, la Seconda Fase, il desiderio di donare, ci costringe a prendere in considerazione gli altri, perché possiamo donare loro. Ma poiché il nostro desiderio fondamentale è quello di ricevere, tutto ciò che vediamo degli altri è che "essi posseggono ogni genere di cose che io non ho". A causa della Seconda Fase, ci confronteremo sempre con gli altri e, a causa del desiderio di ricevere della Prima Fase, vorremo sempre essere superiori a loro. Questo è il motivo per cui ricaviamo piacere dalle carenze altrui.

A proposito, è per questo motivo che la soglia di povertà cambia da un paese all'altro. Secondo il dizionario Webster, la soglia di povertà è "il livello di reddito personale o famigliare che risulti inferiore a quello classificato come povero dagli standard governativi".

Se tutti coloro che mi circondano fossero altrettanto poveri quanto me, non mi sentirei povero. Ma se tutti coloro che mi circondano fossero ricchi e io fossi il solo a disporre di un reddito medio, mi sentirei come la persona più povera del mondo. In altre parole, le nostre norme sono dettate dalla combinazione della Prima Fase (ciò che vogliamo possedere) e della Seconda Fase (determinata da ciò che gli altri posseggono).

Infatti, il nostro desiderio di donare, che dovrebbe garantire che il nostro mondo sia un luogo piacevole, utilizzato dall'intenzione di ricevere, diventa in realtà la ragione di ogni male. È l'essenza della nostra corruzione. Sostituire l'intenzione di ricevere con l'intenzione di donare è tutto ciò che dobbiamo correggere.

Il rimedio

Nessun desiderio né attributo è di per sé cattivo, è il modo in cui lo usiamo a renderlo tale. I primi Kabbalisti dicevano: "l'invidia, la lussuria e la ricerca di onori portano l'uomo fuori dal mondo", fuori dal nostro mondo verso un Mondo Spirituale.

Come? Abbiamo già visto che l'invidia conduce alla competitività, la quale genera il progresso. Ma l'invidia porta anche ad altri grandi risultati e vantaggi, oltre a quelli tecnologici e materiali. Nell'*Introduzione al Libro dello Zohar*, Ashlag scrive che gli esseri umani, percepiscono gli altri e pertanto avvertono la mancanza di ciò che essi posseggono. Ne risulta che sono pieni d'invidia e desiderano tutto ciò che gli altri hanno e più hanno, più si sentono svuotati. Alla fine, desiderano divorare il mondo intero.

In fin dei conti, l'invidia ci porta a non sentirci mai soddisfatti di niente, se non con il Creatore stesso. Ma proprio qui, il senso dell'umorismo della Natura ci gioca un altro scherzo: il Creatore è il desiderio di donare, è altruismo. Anche se inizialmente non ne siamo coscienti, volendo prendere il comando e diventare come il Creatore, in realtà tentiamo di diventare altruisti. Così, attraverso l'invidia, la caratteristica più perfida e nociva dell'ego, il nostro egoismo condanna se stesso a morte, come il cancro distrugge l'organismo nel quale vive, fino a che esso stesso muore, insieme al corpo che ha distrutto.

Ancora una volta possiamo vedere quanto sia importante costruire un ambiente sociale idoneo, poiché, se siamo soggetti a essere gelosi, dovremmo esserlo per lo meno *in maniera costruttiva,* ovvero gelosi di qualcosa che ci porti alla correzione.

Una finestra sulla Kabbalah

I Kabbalisti descrivono l'egoismo in questo modo: L'egoismo è come un uomo con una spada dalla lama meravigliosamente seducente, ma intinta in un veleno mortale. L'uomo sa del veleno, ma non può trattenersi dall'aprire la bocca, poggiare la spada sulla lingua e deglutire...

Una società giusta e felice non può adagiarsi sull'egoismo, sia pure regolato o "canalizzato". Possiamo tentare di contenere l'egoismo con le leggi, ma queste funzionano solo finché le circostanze non si inaspriscono, come è accaduto in Germania: una democrazia, finché non è stato eletto, democraticamente, Adolf Hitler. Ugualmente possiamo tentare di canalizzare l'egoismo a vantaggio della società, ma questo tentativo è già miseramente fallito nella Russia sovietica.

Anche gli Stati Uniti d'America, patria della libertà, delle opportunità e del capitalismo, non sono riusciti a rendere felici i propri cittadini. Secondo il New England Journal of Medicine ogni anno più di 46 milioni di americani, tra i 15 e 54 anni, soffrono di depressione. La rivista "Archives of General Psychiatry" annuncia: "l'uso di forti antipsicotici per trattare i bambini e gli adolescenti è più che quintuplicato tra il 1993 e il 2002" secondo quanto pubblicato nel numero del 6 giugno 2006 del *New York Time*.

Per concludere, fintantoché l'egoismo governerà il mondo, la società sarà sempre ingiusta e deluderà i propri membri, in un modo o nell'altro. Alla fine, tutte le società basate sull'egoismo esauriranno se stesse e l'egoismo che le ha create. Dobbiamo solo fare in modo che ciò si produca al più presto e nella maniera più facile, per il bene di tutti.

Una libertà fasulla

I Kabbalisti chiamano l'assenza della percezione del Creatore come "l'occultamento del volto del Creatore". Questo occultamento crea un'illusione di libertà di scelta tra il nostro mondo e il Mondo (Spirituale) del Creatore. Se fossimo in grado di vedere il Creatore, se potessimo veramente percepire i benefici dell'altruismo, preferiremmo senza alcun dubbio il Suo mondo al nostro, poiché il Suo mondo è un mondo di dono e di piacere.

Tuttavia, poiché *non* vediamo il Creatore, non seguiamo le Sue regole, anzi, le violiamo costantemente. In realtà, anche se conoscessimo le regole del Creatore, ma non vedessimo la sofferenza che ci autoinfliggiamo violandole, continueremmo probabilmente a violarle, perché penseremmo che è più utile restare egoisti.

Al principio di questo capitolo, nel paragrafo "Le redini della vita", abbiamo detto che l'intera Natura obbedisce a una sola legge: la Legge del Piacere e della Sofferenza. In altre parole, tutto ciò che facciamo, pensiamo e pianifichiamo è concepito per diminuire la nostra sofferenza o per aumentare il nostro piacere. In realtà non abbiamo alcuna libertà in questo. Ma, poiché non ci accorgiamo di essere governati da queste forze, *siamo convinti* di essere liberi.

Una finestra sulla Kabbalah

Occultamento

Baruch Ashlag, figlio di Yehudà Ashlag e, a sua volta, grande Kabbalista, ha annotato in un taccuino le parole che ha udito da suo padre. Questo taccuino fu poi pubblicato con il titolo di *Shamati* (Ho udito). In una delle sue annotazioni egli scrisse: se siamo stati creati da una Forza Superiore, perché non La percepiamo? Dove si nasconde? Se sapessimo ciò che Essa vuole da noi, non faremmo tutti questi errori e non saremmo tormentati dalle punizioni.

Come sarebbe semplice e gioiosa la vita se solo il Creatore si rivelasse! Non dubiteremmo più della Sua esistenza e potremmo tutti riconoscere la Sua guida su di noi e sul mondo intero. Conosceremmo i motivi e lo scopo per cui ci ha creati, vedremmo le Sue reazioni alle nostre azioni, potremmo comunicare con Lui e chiederGli consigli prima di ogni nostro atto. La vita sarebbe semplice e meravigliosa!

Ashlag termina queste riflessioni con l'inevitabile conclusione: la nostra unica aspirazione nella vita dovrebbe essere quella di scoprire il Creatore.

Tuttavia, per essere veramente liberi dobbiamo prima di tutto liberarci della legge delle redini del piacere e della sofferenza. Ora, visto che è il nostro ego a stabilire cosa è piacevole e cosa invece è doloroso, per essere liberi, dobbiamo innanzitutto liberarci del nostro ego.

Le condizioni per il libero arbitrio

Ironicamente il libero arbitrio è possibile solo se il Creatore è occultato. Ciò dipende dal fatto che, se una scelta sembra preferibile, il nostro egoismo non ci lascia altra scelta, se non di adottarla. In tal caso, anche se scegliamo di donare, sarà sempre un dono con lo scopo di ricevere, un "dono egoistico". Perché un atto sia veramente altruistico e spirituale, i suoi vantaggi non devono essere palesi.

Se ci ricordassimo che lo scopo della Creazione è quello di liberarci dall'egoismo, le nostre azioni sarebbero sempre orientate nella direzione corretta, verso il Creatore. Per questo, avendo due scelte e non sapendo quale delle due ci apporterà maggior piacere o meno sofferenza, abbiamo una vera opportunità di scegliere liberamente.

Quando il nostro ego non sa qual è la scelta preferibile, possiamo scegliere secondo altri valori. Per esempio, potremmo chiederci non cosa sarebbe più piacevole, ma cosa sarebbe più altruistico. Se il donare è per noi un valore, sarà più facile mettere in pratica questo concetto.

Possiamo essere egoisti o altruisti, pensare a noi stessi o agli altri. Non esistono altre possibilità. La libertà di scelta è possibile unicamente se queste due opzioni diventano chiaramente visibili e ugualmente interessanti (o spiacevoli). Se ho una sola possibilità, devo necessariamente seguirla. Per poter scegliere liberamente, devo poter vedere sia la mia natura, sia quella del Creatore. Solo se non posso capire quale delle due è più piacevole, potrò veramente applicare il libero arbitrio, scegliere liberamente e neutralizzare il mio ego.

Realizzare il libero arbitrio

Il primo principio di ogni crescita spirituale è che "la fede supera la ragione". Così, prima di parlare della realizzazione del libero arbitrio, dobbiamo spiegare il significato cabbalistico dei termini "fede" e "ragione".

La fede

In quasi tutte le religioni e le credenze, la fede è usata come strumento per compensare ciò che non vediamo o non percepiamo chiaramente. In altre parole, poiché non possiamo vedere Dio, dobbiamo *credere* che Egli esista. In questo caso utilizziamo la fede per compensare la nostra incapacità di vedere Dio. Questa è chiamata "fede cieca".

Ma la fede è utilizzata come strumento di "compensazione" non solo nella religione, ma anche in quasi tutto ciò che facciamo. Come sappiamo, per esempio, che la Terra è rotonda? Siamo forse andati nello spazio per verificarlo? Crediamo a quello che ci dicono gli scienziati, poiché pensiamo che essi siano persone serie alle quali possiamo credere. Quando ci dicono che la Terra è rotonda, gli crediamo, per fede. Questa è la fede cieca.

Così, ogni qual volta non possiamo verificare un'affermazione, dobbiamo applicare la fede, per completare i tasselli mancanti. Ma questa non è informazione, è solo fede cieca.

Nella Kabbalah, la fede ha un significato esattamente opposto. La fede, nella Kabbalah, è una percezione tangibile, netta, completa, ineccepibile e irrefutabile del Creatore, della Legge che dirige la vita. Pertanto il solo mezzo per acquisire la fede nel Creatore consiste nel diventare esattamente come Lui. Altrimenti, come potremmo avere la certezza, afflitti dal dubbio, chi Egli sia o addirittura che Egli esista?

La ragione

Il dizionario Webster offre due definizioni della parola "ragione". La prima è "causa"; la seconda è quella che ci interessa. La ragione secondo il Webster, ha tre significati.

1. La facoltà di comprendere, dedurre e riflettere, specialmente in maniera razionale.
2. Un utilizzo appropriato della mente.
3. La somma delle capacità intellettive.

Il dizionario propone inoltre dei sinonimi; fra questi intelligenza, spirito e logica. Ora, leggiamo alcune illuminanti parole scritte dal Kabbalista Baruch Ashlag e tratte da una lettera a un suo studente; egli descrive la "catena di comando" della Creazione. Questo ci spiega il perché abbiamo bisogno di andare al di sopra della ragione.

"Il desiderio di ricevere è stato creato perché lo scopo della Creazione era quello di elargire il bene alle Sue creature e per questo vi deve essere una sorta di recipiente per ricevere il piacere. Dopo tutto è impossibile provare piacere se non vi è alcuna necessità di esso, poiché senza necessità, non vi è neppure il piacere.

Questo desiderio di ricevere è tutto ciò che compone l'uomo (Adamo) creato dal Creatore. Quando diciamo che l'uomo è destinato al piacere eterno, intendiamo il desiderio di ricevere, che riceverà tutto il piacere che il Creatore ha previsto di donargli.

Al desiderio di ricevere sono stati dati dei servitori. Attraverso di essi, noi riceviamo piacere. Questi servitori sono le mani, le gambe, gli occhi, le orecchie e via dicendo. Tutti sono considerati nostri servitori. In altre parole, il desiderio di ricevere è il capo e gli organi sono i suoi servitori.

E come spesso accade, i servitori hanno un supervisore che, verifica che il loro lavoro sia diretto verso lo scopo desiderato, procurare piacere, secondo quanto stabilito dal capo, dal desiderio di ricevere.

Se uno dei servitori è assente, sarà assente anche il piacere procurato da tale servitore. Per esempio, un sordo non può apprezzare la musica, qualcuno privo dell'odorato non può sentire un profumo.

Ma se viene a mancare il cervello (il supervisore dei servitori), tutto crollerà e il proprietario ne subirà le perdite. Se qualcuno possiede un'impresa con molti dipendenti, ma senza buoni dirigenti, questa impresa subirà perdite anziché profitti.

Tuttavia, anche senza il supervisore (la ragione), il capo (il desiderio di ricevere) è sempre presente e anche se il sovrintendente dovesse morire, il padrone continuerà a vivere. Queste due entità non sono correlate.

Ne consegue che se vogliamo vincere il desiderio di ricevere e divenire altruisti, noi dobbiamo prima di tutto vincere il "supervisore", la nostra ragione. Ecco perché "la fede supera la ragione": la fede, diventata esattamente come il Creatore, dovrà essere superiore ovvero più importante della ragione, il nostro egoismo.

La via per arrivarci è duplice: a livello personale è necessario un gruppo di studio o un circolo di amici che aiuterà a creare un ambiente sociale che incoraggi i valori spirituali; a livello sociale è richiesto che l'intera società impari ad apprezzare i valori altruistici.

Riassumendo

Tutto ciò che facciamo nella nostra vita è determinato dal principio del piacere e della sofferenza: evitiamo la sofferenza e rincorriamo i piaceri. Inoltre, meno dobbiamo faticare per ottenere il piacere, e meglio è.

Il principio del piacere e della sofferenza è dettato dal desiderio di ricevere e quest'ultimo controlla tutto ciò che facciamo, poiché esso rappresenta la nostra essenza. Quindi, anche se pensiamo di essere liberi, in effetti siamo incatenati alle due redini della vita: piacere e sofferenza, nelle mani del nostro egoismo.

Sono quattro i fattori che determinano ciò che siamo: 1) il Letto; 2) gli attributi immutabili del Letto; 3) gli attributi che cambiano sotto le influenze delle forze esterne e 4) i cambiamenti nell'ambiente esterno. Possiamo influenzare solamente l'ultimo fattore, che, a sua volta, influenzerà tutti gli altri.

Di conseguenza, l'unico modo per scegliere dove stare (o cosa essere) consiste nello scegliere l'ultimo fattore, controllando e cambiando il nostro ambiente sociale esterno. Poiché i cambiamenti apportati all'ultimo fattore influenzano tutti gli altri fattori, modificandolo, in effetti, cambiamo noi stessi. Se vogliamo liberarci dell'egoismo, abbiamo bisogno di trasformare l'ambiente esterno in modo che sia favorevole all'altruismo e non all'egoismo.

Una volta che ci saremo liberati dal desiderio di ricevere e dalle catene dell'egoismo, potremo avanzare spiritualmente. Per fare ciò, seguiremo il principio che "la fede supera la ragione".

La parola "fede", nella Kabbalah, indica la percezione completa del Creatore. Possiamo acquisirla divenendo uguali a Lui nei nostri attributi, nei nostri desideri, nelle nostre intenzioni e nei nostri pensieri. La parola "ragione" fa riferimento alla nostra mente, è il "supervisore" del nostro egoismo. Per elevarci dobbiamo fare in modo che l'equivalenza con il Creatore rappresenti un valore più importante e più prezioso ai nostri occhi rispetto a qualsiasi piacere egoistico immaginabile.

A livello personale aumentiamo l'importanza del Creatore (l'altruismo) servendoci di libri (o un qualsiasi altro supporto), amici e di un maestro che ci mostreranno quanto sia importante essere altruisti. A livello sociale tentiamo di adottare valori più altruistici nella società.

Tuttavia, perché il cambiamento possa riuscire, è fondamentale che i valori altruistici, *non* abbiano lo scopo di rendere più piacevole la nostra vita. Il cambiamento ha lo scopo di armonizzare noi stessi e la nostra società con la Natura, ovvero con la sola legge della realtà, la legge dell'altruismo, il Creatore.

Dotandoci di un ambiente favorevole, come individui e come società, adotteremo progressivamente i valori di tale ambiente, trasformando naturalmente, facilmente e piacevolmente il nostro egoismo in altruismo.

Che cos'è Bnei Baruch

Bnei Baruch è un'associazione no profit, che s i dedica interamente all'insegnamento e alla divulgazione della saggezza della Kabbalah, al fine di accelerare il processo di spiritualizzazione dell'umanità. Il Kabbalista Prof. Michael Laitman, discepolo e assistente personale di Rabbi Baruch Ashlag, figlio di Rabbi Yehudà Ashlag (autore del Commento al *Libro dello Zohar*), segue i passi del suo mentore nella guida del gruppo verso la sua missione.

Il metodo scientifico di Laitman offre a persone di tutte le fedi, religioni e culture gli strumenti necessari per intraprendere un avvincente cammino di scoperta interiore e di ascesa spirituale. Concentrandosi principalmente sui processi interiori, che ogni individuo svolgerà al suo passo, Bnei Baruch accoglie persone di tutte le età e livello che desiderano intraprendere questo processo.

Negli ultimi anni, sperimentiamo in tutto il mondo una crescente ricerca di risposte alle grandi domande della vita. La società ha perso la propria capacità di vedere la realtà per quello che è e al suo posto sono comparsi concetti superficiali e spesso fuorvianti. Bnei Baruch si rivolge a tutti coloro che stanno ricercando una consapevolezza superiore, a coloro che stanno cercando di comprendere il vero scopo della nostra esistenza.

Bnei Baruch offre una guida pratica e un metodo affidabile per comprendere ciò che accade nel mondo. Il metodo di insegnamento, ideato da Rabbi Yehudà Ashlag, aiuta non solo a superare i problemi e gli ostacoli che si presentano nella vita quotidiana, ma a iniziare un processo grazie al quale è possibile superare i confini e i limiti attuali.

Rabbi Yehudà Ashlag ci ha lasciato un metodo di studio rivolto a questa generazione, che essenzialmente "addestra" a comportarsi come se fosse stata già raggiunta la perfezione dei Mondi Superiori, pur rimanendo nel nostro mondo. Nelle parole di Rabbi Yehudà Ashlag, "Questo metodo è un modo pratico per ascendere al Mondo Superiore, la fonte della nostra stessa esistenza, pur vivendo in questo mondo".

Un Kabbalista è un ricercatore, che studia la propria natura utilizzando questo metodo, la cui efficacia è dimostrata, collaudata e accurata. Attraverso questo metodo è possibile raggiungere la perfezione e il controllo sulla propria vita e conseguire il vero obiettivo. Come una persona non può comportarsi correttamente nel mondo senza conoscerne il funzionamento, così l'anima non può operare correttamente nei Mondi Superiori senza conoscerli. La saggezza della Kabbalah offre questa conoscenza.

Come contattare Bnei Baruch

Italia:
E-mail: italian@kabbalah.info
Web: www.kabbalah.info/it

Israele:
Bnei Baruch Association – PO Box 3228 Petach Tikva 49513, Israel

www.kabbalahbooks.info

www.ingramcontent.com/pod-product-compliance
Lightning Source LLC
Chambersburg PA
CBHW051057250726

48656CB00001B/339